Die Bewertungsmöglichkeiten von Kundenbeziehungen sind sehr komplex und erfordern eine systematische Herangehensweise. Dieses Buch zeigt verschiedene Methoden – geht aber noch einen Schritt weiter – und zeigt ein praxisorientiertes und modular aufgebautes Vorgehensmodell zur Kundenwertbestimmung.

D1730911

WAS SIND IHRE KUNDEN WIRKLICH WERT?

**Eine methodische Beschreibung für die praxis-
nahe Bewertung von Kundenbeziehungen**

Oliver Prang, Dr. Oliver Marz

Impressum

© 2011 Oliver Prang und Dr. Oliver Marz

Verlag: VAWW Verlag für angewandte Wirtschaftswissenschaften UG
         www.vaww-verlag.de
Druck: Digitalprint Productioncenter
         www.digitalprint-online.de
ISBN: 978-3-942845-00-7
         Band 11
         Printed in Germany

Gliederung

Einleitung

Kundenorientierung gilt heute als ein zentraler Erfolgsfaktor für Unternehmen – jeder Kunde hat seinen Anteil am Unternehmenserfolg und somit hat jeder unprofitable Kunde seinen Anteil am ökonomischen Unternehmensmisserfolg. Demnach ist das Hauptziel bei der Kundenorientierung profitable Beziehungen aufzubauen. Dieser Ansatz wird durch Customer Relationship Management-Systeme unterstützt. Eine Vielzahl der Unternehmen verwenden die CRM-Lösung jedoch nur als Kontakt- und Terminmanagement und nutzen somit nicht annähernd das Potential eines IT-gestützten, wertorientierten Kundenmanagements.

Dies hat zur Folge, dass der tatsächliche Wertbeitrag eines Kunden am Erfolg den meisten Unternehmen nicht bekannt ist. Um profitable Kundenbeziehungen zu identifizieren, ist es jedoch notwendig einen individuellen und ganzheitlichen Kundenwert zu bestimmen, der sich nicht ausschließlich aus quantitativen Größen, bspw. dem Umsatz, stützt, sondern auch qualitative Größen, wie zum Beispiel das Weiterempfehlungspotential einbezieht.

Die Probleme sind die Quantifizierung der qualitativen Größen und deren Kombination mit den quantitativen Größen, um eine aussagekräftige Kennzahl zu entwickeln, die eine Vergleichbarkeit der Kunden ermöglicht.

In der Unternehmenspraxis kommt hinzu, dass viele der Modelle sehr theoretisch und komplex aufgebaut sind. Dies führt dazu, dass die Informationsbeschaffung zur Kundenbewertung zu aufwendig erscheinen. Gleichzeitig steigt jedoch der Kostendruck der Unternehmen und es wird immer wichtiger sich auf die „richtigen" Kunden zu fokussieren.

Daraus ergibt sich folgende **Problemstellung**: Es existieren Modelle und Methoden zur Bestimmung des Kundenwertes. Allerdings finden diese in der Unternehmenspraxis kaum Anwendung, da das Sammeln und Zusammenführen der qualitativen und quantitativen Größen nicht bzw. nur unzureichend gelingt.

Es lässt sich folgende **Hauptthese** ableiten: Trotz steigenden Interesses an validen und nachvollziehbaren Aussagen über den Kundenwert im Rahmen des Kundenbeziehungsmanagements wird eine Bestimmung eines ganzheitlichen Kundenwertes in der Unternehmenspraxis nicht durchgeführt. Obwohl es eine Vielzahl theoretischer Methoden und Modelle zur Kundenwertbetrachtung gibt, existiert kein praktikables Bewertungsverfahren, welches sich für eine moderne Kundenwertbetrachtung eignet.

Basierend auf der Hauptthese lassen sich folgende **Unterthesen** ableiten:

- Trotz der Nutzung eines CRM-Systems wird in Unternehmen keine ganzheitliche Kundenwertbetrachtung durchgeführt, weil die Methoden nicht ausreichend bekannt sind.
- Der Kundenwert wird im praktischen Einsatz auf quantitative Größen vereinfacht. Es wird kein Kennzahlensystem genutzt, welches auf qualitative Größen zurückgreift. Der so ermittelte Wert erfüllt nicht die Kriterien einer modernen Kundenwertbetrachtung.
- Die Ermittlung der qualitativen Größen erfolgt durch die Mitarbeiter eines Unternehmens. Hier fehlt es an einer strukturierten Erfassungsmethode, um diese Informationen abzulegen und für die Kundenwertbestimmung zu nutzen.
- Trotz der wichtiger werdenden Wirtschaftlichkeit eines Kunden stellen selbst moderne CRM-Systeme keine Analysefunktionen für den Kundenwert bereit.
- Unternehmen nutzen nicht das vollständige Potential der bestehenden Kundenbeziehungen. Durch eine Kundenwertorientierung kann ein höherer Gewinn erzielt werden, indem das Kundenpotential wirtschaftlich besser genutzt wird.

Das **Ziel** dieser wissenschaftlichen Arbeit ist es, die theoretischen Methoden und Modelle zur Bestimmung des Kundenwertes auf Ihre Praktikabilität zu analysieren. Das Ergebnis der Untersuchung wird verwendet, um die praxistauglichen Elemente der theoretischen Konzepte zur Kundenwertbestimmung herauszuarbeiten. Mit Hilfe dieser Elemente wird ein mehrdimensionaler und praktikabler Ansatz zur Kundenwertbestimmung entwickelt.

Im ersten Kapitel dieser Arbeit wird auf die theoretischen Grundlagen einer kundenorientierten Unternehmensstrategie eingegangen. Das zweite Kapitel befasst sich mit CRM-Systemen als unterstützende IT-Grundlage zur Kundenwertbestimmung und einer Darstellung der praktischen Herausforderungen der Bewertung von Kundenbeziehungen. Im dritten Kapitel wird der aktuelle Stand der Kundenwertbestimmung in der Unternehmenspraxis erläutert. Dieser Bereich dient der Abgrenzung der verwendeten Begrifflichkeiten, um im Anschluss die traditionellen und modernen Verfahren der Kundenbewertung vorzustellen. Das vierte Kapitel zeigt die Auswertung der empirischen Untersuchung. Es dient zur Überprüfung der Thesen und schließt mit einer Interpretation der Ergebnisse ab. Das fünfte Kapitel beschreibt das Vorgehen zur Entwicklung eines ganzheitlichen Kundenbewertungsmodells. Nach der Konzeption erfolgt die Umsetzung eines Formblattes, welches anhand von quantitativen und qualitativen Bestimmungsfaktoren eine moderne Kundenwertbetrachtung ermöglicht.

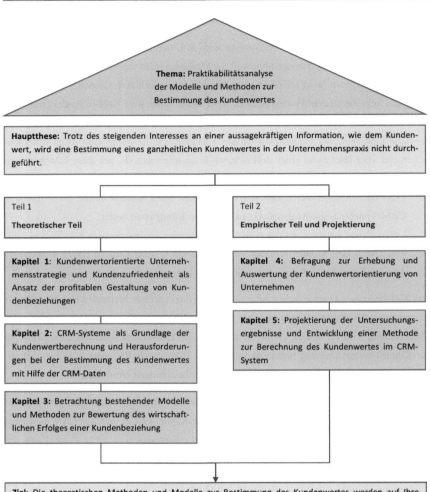

Abbildung 1: Schematische Darstellung des forschungslogischen Verlaufes
Quelle: Eigene Darstellung

1 Die kundenwertorientierte Unternehmensstrategie als Basis für langfristige und profitable Kundenbeziehungen

Die Aktualität und die Bedeutung der Kundenwertorientierung wird anhand aktueller Umfragen deutlich: So geben die Hälfte der Entscheidungsträger in Unternehmen an, dass Kundensegmentierung und Kundenwertmodellierung als das wichtigste Thema in den nächsten zwölf Monaten gesehen wird.[1]

Die Gründe für die hohe Bedeutung der Kundenwertorientierung liegen vor allem in der steigenden Wettbewerbsintensität und -dynamik. Unternehmen sind zunehmend einer höheren Konkurrenz ausgesetzt, insbesondere durch die verbesserte Preisvergleichbarkeit und dem daraus resultierenden Preisdruck. Auf Grund dessen rückt die langfristige Bindung vorhandener Kunden in den Fokus unternehmerischer Ausrichtung.[2] Dies ist vor allem darin begründet, dass „durch systematische Kundenbindung der Erfolg eines Unternehmens wesentlich gesteigert werden kann".[3]

Dieses Kapitel untersucht die kundenwertorientierte Unternehmensstrategie mit ihren Voraussetzungen und den Komponenten für die Kundenwertbestimmung. Im ersten Teil wird auf die Bedeutung der Kundenzufriedenheit und das Konzept des Kundenlebenszyklus als Grundlage für eine erfolgreiche und somit gewinnbringende Beziehung zwischen Kunde und Anbieterunternehmen eingegangen. Danach erfolgt eine Definition des Kundenwertbegriffes im Rahmen dieser Arbeit und seine Bestimmungsfaktoren werden genannt. Anschließend wird der

---

[1] vgl. Capgemini Deutschland: Studie IT-Trends 2009, Quelle: www.de.capgemini.com/m/de/tl/IT-Trends_2009.pdf [03.11.2009]

[2] vgl. Bruhn, M.: Kundenorientierung – Bausteine für ein exzellentes Customer Relationship Management (CRM), 3. Auflage, DTV, München 2007, S. 111

[3] In empirischen Studien aus den USA wurde nachgewiesen, dass eine Verhinderung der Kundenabwanderung von fünf Prozent langfristig zu einer Gewinnsteigerung pro Kunde von bis zu 85 Prozent führen kann, vgl. Reichheld, F.; Sasser, W.: Zero-Migration: *Dienstleister im Sog der Qualitätsrevolution*, in Harvard Manager, 13. Jg., Nr. 4, o.O. 1991, S. 108-116

Zusammenhang zwischen den Kundenbeziehungen eines Unternehmens und deren Wert herausgestellt – der Kundenwert als Werttreiber für den Unternehmenswert.

1.1 Kundenzufriedenheit als Voraussetzung für den ökonomischen Erfolg

„Customer satisfaction is the number-one priority for every employee"[4]

Die Erzielung zufriedener Kundenbeziehungen hat sich als Schwerpunktthema in der Wissenschaft, aber vor allem in der Unternehmenspraxis etabliert. Viele Unternehmen sehen die Kundenzufriedenheit und – im Zuge dessen auch deren Messung, die systematische Steuerung und den Ausbau – als ein bedeutendes Managementziel und stetige Herausforderung.[5]

Die Kundenzufriedenheit bildet einen wesentlichen Bestimmungsfaktor für die Kundenbindung an das Anbieterunternehmen.[6] Als Erklärungsansatz der Kundenzufriedenheit ist eine Tendenz zum Confirmation/Disconfirmation-Paradigma (C/D-Paradigma) festzustellen. Es beschreibt den Grad der Übereinstimmung zwischen der Erwartung, die ein vorhandener oder potentieller Kunde an ein Produkt oder eine Dienstleistung hat, und der von ihm tatsächlich wahrgenommenen Leistung.[7] Erfüllt oder übertrifft die wahrgenommene Leistung (Ist-

---

[4] Unternehmensleitsatz von „Rank Xerox" zitiert in: Homburg, C.; Giering, A.; Hentschel, F: Der Zusammenhang zwischen Kundenzufriedenheit und Kundenbindung", in: Die Betriebswirtschaft, Vol. 59, o.O. 1999, S. 175

[5] vgl. Homburg, C.; Becker, A.; Hentschel, F.: Der Zusammenhang zwischen Kundenzufriedenheit und Kundenbindung, in: Bruhn, M.; Homburg, C.: Handbuch Kundenbindungsmanagement, 6. Auflage, Gabler Verlag, Wiesbaden 2008, S. 105

[6] vgl. Hermann, A.; Johnson, M.: Die Kundenzufriedenheit als Bestimmungsfaktor der Kundenbindung, in: Zeitschrift für betriebswirtschaftliche Forschung, Nr. 6, 1999, S. 579-598

[7] vgl. Raab, G.; Werner, N.: Customer Relationship Management. Aufbau dauerhafter und profitabler Kundenbeziehungen, 2. Auflage, Recht Und Wirtschaft GmbH, Frankfurt 2005, S. 76 f.

Leistung) den Vergleichsstandard (Soll-Leistung), führt dies zu einer Kundenzufriedenheit; die Unterschreitung des Vergleiches führt zur Unzufriedenheit.[8]

Insbesondere im Bereich der Dienstleistungsunternehmen hat die positive Bewertung des Ist- und Sollvergleiches eine hohe Bedeutung, da hier davon ausgegangen wird, dass sich das Verhältnis zwischen Kunden und Anbieter nicht nur auf eine einzelne Transaktion bezieht, sondern auf die „Geschäftsbeziehung mit der Gesamtheit Ihrer Facetten als Beurteilungsobjekt".[9] Die Kundenzufriedenheit bzw. Kundenunzufriedenheit hat somit eine direkte Auswirkung auf den ökonomischen Erfolg der Beziehung zum Anbieterunternehmen (siehe Abbildung 2). Die möglichen Reaktionen einzelner Kunden auf Zufriedenheit bzw. Unzufriedenheit sind auf Grund dessen ein elementarer Bestandteil des Kundenwertes.[10],[11]

---

[8] vgl. Homburg, C.; Rudolph, B.: Theoretische Perspektiven der Kundenzufriedenheit, in: Homburg, C. [Hrsg.]: Kundenzufriedenheit. *Konzepte, Methoden, Erfahrungen*, 7. Auflage, Gabler Verlag, Wiesbaden 2008, S. 20 ff.

[9] Homburg, C.; Becker, A.; Hentschel, F.: Der Zusammenhang zwischen Kundenzufriedenheit und Kundenbindung, in: Bruhn, M.; Homburg, C.: Handbuch Kundenbindungsmanagement, 6. Auflage, Gabler Verlag, Wiesbaden 2008, S. 107

[10] Auf nicht-monetäre bzw. vorökonomische Größen, wie Referenz-, Informations- und Cross-/Up-Selling-Potentiale wird in Kapitel 3.2 detailliert eingegangen.

[11] Einzelne Forschungsergebnisse zeigen, dass zwischen der Zufriedenheit und dem ökonomischen Erfolg einer Kundenbeziehung kein allgemeiner Zusammenhang besteht. "*Variety Seeking*" bezeichnet das Bedürfnis des Konsumenten nach Abwechslung. Die Ursache für die Abwanderung ist emotional bedingt und der Konsument empfindet eine Bedürfnisbefriedigung allein wegen der Abwechslung. Die Bedürfnisbefriedigung ist nicht auf die funktionalen Eigenschaften eines Produktes o.a. externer Faktoren zurückzuführen, vgl. Bänsch, A.: Variety Seeking – *Marketingfolgerungen aus Überlegungen und Untersuchungen zum Abwechslungsbedürfnis von Konsumenten*, in: GfK-Jahrbuch der Absatz- und Verbrauchsforschung, 41. Jg., o.O. 1995, S. 348 ff., ebenso: Peter, S.: Kundenbindung als Marketingziel: *Identifikation und Analyse zentraler Determinanten*, 2. Auflage, Gabler Verlag, Wiesbaden 2001, S. 99 ff.

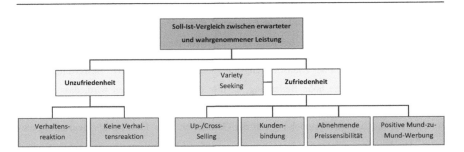

Abbildung 2: Einfaches Modell der Kundenzufriedenheit
Quelle: Eigene Darstellung in Anlehnung an Homburg, C.; Stock-Homburg, R.: Theoretische Perspektiven zur Kundenzufriedenheit, in:
Homburg, C. [Hrsg.]: Kundenzufriedenheit: Konzepte – Methoden – Erfahrungen, 7. Auflage, Gabler-Verlag, Wiesbaden 2008, S. 22

Aufbauend auf diesem Grundverständnis der generellen Kundenzufriedenheit erfolgt eine
Betrachtung des Zustandekommens einer Kunden-Anbieter-Beziehung. Der Verlauf der
Kundenbindung mit seinen Bestimmungsfaktoren bildet eine klassische Wirkungskette, die
zur Kundenbindung und letztendlich zu einem ökonomischen Erfolg führt.

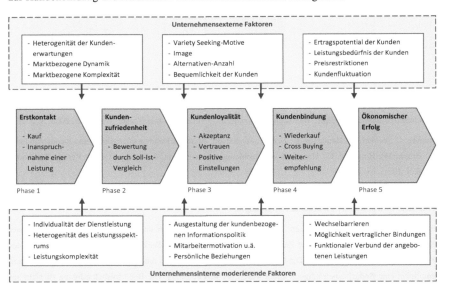

Abbildung 3: Wirkungskette der Kundenbindung
Quelle: Eigene Darstellung in Anlehnung an Bruhn, M.: Wirtschaftlichkeit des Qualitätsmanagements. Qualitätscontrolling für Dienstleis-
tungen, Springer Verlag, Berlin 2005, S. 10

Wie in Abbildung 3 zu sehen ist, steht die Kundenzufriedenheit am Anfang dieser Wirkungskette. Das heißt, sobald der Erstkontakt zwischen Kunde und Anbieter zustande gekommen

ist, bewertet der Kunde die Situation und bildet sein Zufriedenheitsurteil. Bei einer positiven Beurteilung kann sich als nächster Schritt Kundenloyalität entwickeln. Die Loyalität – als freiwillige, emotionale und andauernde Verbundenheit[12] – ist gekennzeichnet durch ein Vertrauensverhältnis, eine positive Einstellung und die Akzeptanz des Kunden bezüglich der Leistungsfähigkeit des Anbieters. Bereits in dieser Phase zeigt der Kunde eine verringerte Wechselbereitschaft und neigt bei der nächsten Kaufentscheidung dazu, das gleiche Produkt erneut zu wählen. Ein loyaler Kunde neigt des Weiteren zu einer abnehmenden Preissensibilität, d.h. durch seine positive Einstellung gegenüber dem Produkt bzw. dem Anbieter ist er bereit mehr zu zahlen als in der Phase vor oder während des Erstkontaktes.[13]

Erst eine Steigerung der Loyalität führt zur Kundenbindung. Diese wird insbesondere dadurch erreicht, dass der Kunde ein Wiederkauf- oder Cross-Buying-Verhalten[14] zeigt oder Weiterempfehlungen an andere potentielle Kunden ausspricht. Durch diese Effekte tritt in der letzten Phase der ökonomische Erfolg ein. Der Ablauf der gesamten Wirkungskette wird durch

---

[12] Es wird in diesem Fall von einer *Verbundenheit* gesprochen im Gegensatz zur *Gebundenheit*, da eine freiwillige Bindung des Kunden an den Anbieter vorliegt. Eine Gebundenheit ist bedingt durch bspw. rechtliche, technische oder organisatorische Gründe – diese faktische Bindung ist kein Maß der Kundenloyalität, vgl.: Hoffmann, A.: Die Akzeptanz kartenbasierter Kundenbindungsprogramme aus Konsumentensicht: *Determinanten und Erfolgswirkungen*, Deutscher Universitätsverlag, München 2008, S. 18, ebenso: Schüller, A.; Fuchs, G.: Total Loyalty Marketing - *Mit begeisterten Kunden und loyalen Mitarbeitern zum Unternehmenserfolg*, 5. Auflage, Gabler Verlag, Wiesbaden 2009, S. 17

[13] vgl. Reinartz, W.; Kumar, V.: The Mismanagement of Customer Loyalty, Harvard Business Review, o.O. 2007, S. 4

[14] Das *Wiederkauf-Verhalten* bezeichnet den erneuten Kauf eines Produktes oder Dienstleistung. *Cross-Buying-Verhalten* bezeichnet den Kauf von unterschiedlichen Produkten oder Dienstleistungen desselben Unternehmens, vgl. Bruhn, M.; Homburg, C.: Handbuch Kundenbindungsmanagement, 6. Auflage, Gabler Verlag, Wiesbaden 2008, S. 9

externe und interne Faktoren beeinflusst, die positive oder negative Auswirkungen auf diese
ausüben.[15]

Zusammenfassend lässt sich sagen, dass die Kundenzufriedenheit einen wichtigen, wenn nicht
den wichtigsten Anteil an der erfolgreichen Beziehung zwischen Kunden und Anbieter hat,
der letztendlich zum ökonomischen Erfolg beitragen kann. Im nächsten Abschnitt wird auf
die Bedeutung der langfristigen Kundenbeziehung zur Erreichung der Kundenprofitabilität
eingegangen.

1.2   Die langfristige Kundenbindung zur Steigerung der Kundenprofitabilität

*„Businesses succeed by getting, keeping and growing customers... Without customers, you
don't have a business. You have a hobby. "*[16]

Neben der Erreichung der Kundenzufriedenheit ist für ertragswirtschaftlich orientierte Unternehmen vor allem der langfristige Gewinn von Bedeutung.[17] Der positive Effekt langfristiger
Kundenbindungen wurde mehrfach in Studien nachgewiesen[18] und es „ließ sich feststellen,
dass zwischen dem Grad der Kundenbindung und der Gewinnhöhe ein enger Zusammenhang

---

[15] vgl. Bruhn, M.; Homburg, C.: Kundenbindungsmanagement – *Eine Einführung in die theoretischen und
praktischen Problemstellungen*, in: Handbuch Kundenbindungsmanagement, 6. Auflage, Gabler Verlag, Wiesbaden 2008, S. 10

[16] Peppers, D.; Rogers, M.: Return on Customer *Creating Maximum Value From Your Scarcest Resource*, Broadway
Business, o.O. 2005, S. 1

[17] vgl. Meyer, A.; Kantsperger, R.; Schaffer, M.: Die Kundenbeziehung als ein zentraler Unternehmenswert –
Kundenorientierung als Werttreiber der Kundenbeziehung, in: Günter, B.; Helm, S. [Hrsg.]: Kundenwert.
Grundlagen - Innovative Konzepte - Praktische Umsetzungen, 3. Auflage, Gabler Verlag, Wiesbaden 2006, S. 66

[18] vgl. Bahradwaj, S. : The risk implications of a customer retention strategy in the manufacturing industry, 1996
Research Conference Proceedings: Contemporary Knowledge of Relationship Marketing, Emory University,
Atlanta 1996; ebenso: Butz, H.; Goodstein, L.: Measuring Customer value: *Gaining the strategic advantage*, in:
Organizational Dynamics, Vol. 24, 1995, S. 63-77; ebenso: Kalwani, M.; Narayandas, N.: Long-term manufac-
turer-supplier relationships: *Do they pay off for supplier firms?*, in: Journal of Marketing, Vol. 20, 1995, S. 1-16

besteht. Hiernach steigt der Gewinn pro Kunde mit zunehmender Dauer der Beziehung zum jeweiligen Anbieter."[19]

Vor diesem Hintergrund ist es das Ziel, eine langfristige Kundenbeziehung aufzubauen. Dazu ist es notwendig, neben dem gegenwärtigen Erfolgsbeitrag, auch das zukünftige Potential, also die ökonomische Gesamtbedeutung einer Geschäftsbeziehung zu berücksichtigen und nicht nur die kurzfristigen Umsätze mit einem Kunden zu suchen.[20]

Es wird von einer *Profitabilität* in einer lebenszyklusorientierten Betrachtung einer Geschäftsbeziehung gesprochen, „wenn den erwarteten Auszahlungen entsprechende Einzahlungen gegenüberstehen und deren Verhältnis... positiv bewertet wird".[21] Die Betrachtung der langfristigen Profitabilität wird vor allem dadurch bestätigt, dass die Kosten der Neukundengewinnung wesentlich höher sind, als die Kosten der Bestandskundenpflege.[22]

Bei der Betrachtung der Profitabilität von Kundenbeziehungen (siehe Abbildung 4) wird deutlich, dass sich die anfängliche Investition zum Aufbau der Kundenbeziehung über die

---

[19] Huber, F.; Herrmann, A.; Braunstein, C.: Der Zusammenhang zwischen Produktqualität, Kundenzufriedenheit und Unternehmenserfolg, in: Hinterhuber, H.; Matzler, K. [Hrsg.]: Kundenorientierte Unternehmensführung. *Kundenorientierung - Kundenzufriedenheit - Kundenbindung*, 6. Auflage, Gabler Verlag, Wiesbaden 2009, S. 79

[20] vgl. Hippner, H.; *CRM – Grundlagen, Ziele, Konzepte*, in Hippner, H.; Wilde, K. [Hrsg.]: Grundlagen des CRM - *Konzepte und Gestaltung*, 2. Auflage, Gabler Verlag, Wiesbaden 2006, S. 26, ebenso: Tomczak, T; Rudolf-Sipötz, E.: Bestimmungsfaktoren des Kundenwertes: *Ergebnisse einer branchenübergreifenden Studie*, in: Günter, B.; Helm, S. [Hrsg.]: Kundenwert. *Grundlagen - Innovative Konzepte - Praktische Umsetzungen*, 3. Auflage, Gabler Verlag, Wiesbaden 2006, S. 135

[21] Homburg, C.; Daum, D.: Die Kundenstruktur als Controlling-Herausforderung, in: Controlling, 6/1997, Vahlen Verlag 1997, S. 400

[22] Laut Reichheld betragen die Kosten einer aktiven Kundenbetreuung nur etwa 15 bis 20 Prozent der Kosten einer Neukundengewinnung. - vgl. Reichheld, R.; Shefter, P.: Warum Kundentreue auch im Internet zählt, in: Harvard Business Manager, Nr. 1, o.O. 2001, S. 70-80

Kundenlebenszeit amortisiert. Außerdem wird erkennbar, dass sich der jährliche Gewinn pro Kunde steigert – auch durch den Anteil der „'weichen' Faktoren, wie Weiterempfehlung".[23]

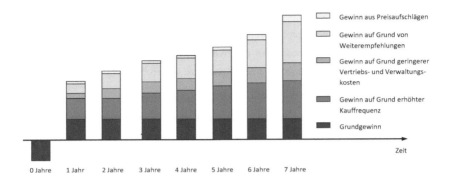

Abbildung 4: Profitabilität von Kundenbeziehungen und Dauer der Geschäftsbeziehung
Quelle: Eigene Darstellung in Anlehnung an Reichheld, F.: Der Loyalitätseffekt – Die verborgene Kraft hinter Wachstum und Gewinnen und Unternehmenswert, Frankfurt, New York 1997, S. 52

Demnach lässt sich sagen, dass die Dauer einer Geschäftsbeziehung – und nicht allein die Kundenzufriedenheit – eine weitere zentrale Determinante des Kundenwertes ist. Ein konzeptionelles Erklärungsmodell wird in Abbildung 5 dargestellt.[24]

---

[23] vgl. Hippner, H.; CRM – *Grundlagen, Ziele, Konzepte*, in Hippner, H.; Wilde, K. [Hrsg.]: Grundlagen des CRM - *Konzepte und Gestaltung*, 2. Auflage, Gabler Verlag, Wiesbaden 2006, S. 26

[24] vgl. Helm, S. ; Günter, B.: Kundenwert – *eine Einführung in die theoretischen und praktischen Herausforderungen der Bewertung von Kundenbeziehungen*, in: Günter, B.; Helm, S. [Hrsg.]: Kundenwert. *Grundlagen - Innovative Konzepte - Praktische Umsetzungen*, 3. Auflage, Gabler Verlag, Wiesbaden 2006, S. 14

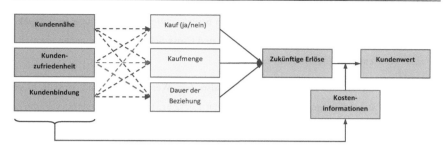

Abbildung 5: Einordnung der Kunden-Konstrukte in ein Erklärungsmodell des Kundenwertes
Quelle: Krafft, M.: Der Kunde im Fokus: Kundennähe, Kundenzufriedenheit, in: Die Betriebswirtschaft, Jg. 59, Nr. 4, o.O. 1999, S. 526

Der Kundenwert als Kennzahl wird im nachfolgenden Kapitel näher erläutert und im Rahmen dieser Arbeit begrifflich spezifiziert.

1.3 Der Kundenwert aus Anbietersicht als Kennzahl im wertorientierten Kundenmanagement

In den vorangegangenen Kapiteln wurden die grundlegenden Determinanten, die überhaupt zur Entstehung einer Kundenbeziehung führen, beschrieben – die Kundenzufriedenheit und die Kundenlebenszeit. Der Kundenwert als Kennzahl zur Bewertung einer Geschäftsbeziehung wird im nachfolgenden Abschnitt näher erläutert.

Der Kundenwert wird in dieser Arbeit als der „vom Anbieter wahrgenommene, bewertete Beitrag eines Kunden bzw. eines gesamten Kundenstamms zur Erreichung der monetären und nicht-monetären Ziele des Anbieters verstanden".[25] Der Kundenwert selbst steht für den quantifizierten Nutzen, den das Unternehmen durch den Kunden erfährt.[26] Dabei sind nicht allein die Umsätze gemeint, die im Laufe der Kundenbeziehung entstanden sind, obwohl der

---

[25] Cornelsen, J.: Kundenwertanalysen im Beziehungsmarketing – *Theoretische Grundlagen und Ergebnisse einer empirischen Studie im Automobilbereich*, GIM-Verlag, Nürnberg 2000, S. 360

[26] vgl. Rudolf-Sipötz, E.; Tomczak, T.: Kundenwert in Forschung und Praxis, Thexis Verlag, Fachbericht für Marketing, Nr. 2, St. Gallen 2001, S. 2

Umsatz der wohl verbreitetste und am häufigsten berücksichtigte Kundenbeitrag ist.[27] Aspekte, wie Wachstums-, Innovations- und Referenz- und Cross-Selling-Potential gelten ebenfalls als zukunftsorientierte Bewertungskriterien.[28]

Der Kundenwert aus der Anbieterperspektive, also der „Wert des Kunden", wird in einer Vielzahl von Bezeichnungen in der einschlägigen Literatur, teilweise synonym, verwendet und nicht eindeutig abgegrenzt[29]. In der deutschsprachigen Literatur findet sich keine eindeutige Berechnungsmethode, wenn über den *Kundenwert* gesprochen wird. Vielmehr wird dieser Begriff als eine Kennzahl oder auf das Ergebnis eines Kennzahlensystems angewendet, das auf Grund unterschiedlicher Bewertungsansätze zustande kommen kann. In der allgemeinen Definition wird dieser als „der Nutzen bezeichnet, den ein Anbieter aus der Geschäftsbeziehung mit einem einzelnen Kunden im Laufe dieser Beziehung zieht."[30]

In der englischsprachigen Forschung entspricht dieses umfassende Kundenwertverständnis dem Konzept des *Customer Lifetime Value*[31] (CLV) oder *Value of the Customer*[32]. Allerdings wird in diesem Fall bereits eine Bestimmungsmethode des Kundenwertes impliziert: Gemeint ist dabei die investitionsorientierte Betrachtung, also der Gedanke des monetären Kundenwer-

---

[27] vgl. Homburg, C.; Schnurr, P.: Kundenwert als Instrument der Wertorientierten Unternehmensführung, in: Bruhn, M. et al. [Hrsg.]: Wertorientierte Unternehmensführung: *Perspektiven und Handlungsfelder für die Wertsteigerung von Unternehmen*, Wiesbaden 1999, S. 171

[28] vgl. Helm, S. ; Günter, B.: Kundenwert – *eine Einführung in die theoretischen und praktischen Herausforderungen der Bewertung von Kundenbeziehungen*, in: Günter, B.; Helm, S. [Hrsg.]: Kundenwert. *Grundlagen - Innovative Konzepte - Praktische Umsetzungen*, 3. Auflage, Gabler Verlag, Wiesbaden 2006, S. 8

[29] ibidem, ebenso: Beutin, N.: Kundennutzen in industriellen Geschäftsbeziehungen, Deutscher Universitäts-Verlag, Wiesbaden 2000, S. 2 ff.

[30] Günter, B.: Kundenwert - *mehr als nur Erlös*, in: Günter, B.; Helm, S. [Hrsg.]: Kundenwert. *Grundlagen - Innovative Konzepte - Praktische Umsetzungen*, 3. Auflage, Gabler Verlag, Wiesbaden 2006, S. 256

[31] vgl. Bruhn, M. et al.: Wertorientiertes Relationship Marketing: *Vom Kundenwert zum Customer Lifetime Value*, in: Die Unternehmung, 54. Jg. , Nr. 3, o.O. 2000, S. 171

[32] vgl. Bauer, H.; Stokburger, G.: Marketing Performance, Gabler Verlag, Wiesbaden 2006, S. 110

tes als Netto-Barwert aller kundenbezogenen Ein- und Auszahlungen im Verlauf von Geschäftsbeziehungen.[33]

Ein weiterer Begriff in diesem Zusammenhang ist der des *Customer Equity* (CE). Auch dieser gilt als nicht eindeutig abgegrenzt und wird teilweise in unterschiedlichem Kontext angewendet – hier gilt es eine Abgrenzung zu schaffen: In einigen Arbeiten wird der Customer Equity als der zukunftsorientierte über die verbleibende Lebensdauer des Kunden kalkulierte Customer Lifetime Value betrachtet, der dann über den gesamten Kundenstamm aggregiert wird.[34] Durch diese Betrachtung eignet sich der Customer Equity zur Unternehmensbewertung, da so die Summe aller Kundenwerte bezogen auf den aktuellen Zeitraum ermittelt werden kann. In anderen Arbeiten wird der Customer Equity wiederum als Customer Lifetime Value verstanden, der bereits durch nicht-ökonomische Größen ergänzt wurde. In dieser Arbeit wird der Customer Equity in erst genannter Sicht betrachtet, d.h. als *Kundenstammwert*: der Customer Lifetime Value über den gesamten Kundenstamm.

Nach der Abgrenzung der Begrifflichkeiten ist festzuhalten: Der Kundenwert unterliegt keiner festgeschriebenen Bestimmungsmethode, sondern ist eine Kennzahl, die mit Hilfe unterschiedlicher Berechnungen ermittelbar ist. Entscheidend für die Anwendung eines Berechnungsmodells sind das Bewertungsobjekt, der Zeitbezug sowie die Bestimmungsfaktoren.

Das *Bewertungsobjekt* ist in dieser Betrachtung der einzelne Kunde, ein nach bestimmten Kriterien gebildetes Kundensegment oder der gesamte Kundenstamm. Das Bewertungsobjekt unterscheidet das Aggregationsniveau des Verfahrens.

---

[33] Die genaue Berechnungsmethode des Customer Lifetime Values wird in Kapitel 3.4 behandelt.

[34] vgl. Blattberg, R.; Deighton, J.: Manage Marketing by the Customer Equity Test, in: Harvard Business Review, Jg. 74, Nr. 4, o.O. 1996, S. 139, ebenso: Rust, R.; Zeithaml, V.; Lemon, K.: Driving Customer Equity: *How Customer Lifetime Value is Reshaping Corporate Strategy*, Free Press, New York 2000, S. 86 f.

Der *Zeitbezug* gibt den zeitlichen Rahmen der Betrachtung vor, so kann der Kundenwert
zeitpunkt- oder zeitraumbezogen gemessen werden.[35] Abbildung 6 veranschaulicht die zeitliche Betrachtung. Zeitpunktbezogene (statische) Methoden greifen auf Periodenerfolgsgrößen,
wie Gewinn oder Deckungsbeitrag, zurück. Mehrperiodische (dynamische) Methoden berücksichtigen mittels dynamischer Berechnungen den gesamten Kundenlebenszyklus.

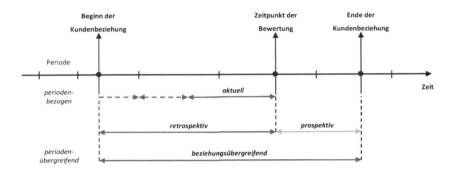

Abbildung 6: Zeitliche Differenzierung der Kundenwertdimension
Quelle: Eigene Darstellung in Anlehnung an Wille, K.: Customer Equity: Grundlagen der kundenwertorientierten Unternehmensführung,
Deutscher Universitäts-Verlag, Wiesbaden 2005, S. 56

Bei den *Bestimmungsfaktoren* wird nach der Auswahl und Anzahl der Bestandteile unterschieden. Je nachdem, wie viele Bestimmungsfaktoren in die Kundenwert-Berechnung einbezogen werden, wird von einem ein- oder mehrdimensionalen Ansatz gesprochen.[36] Die
Bestandteile wiederum werden differenziert nach quantitativen und qualitativen Größen.

Quantitative Komponenten lassen sich in monetären Größen, z.B. in Geldwerten, ausdrücken.
Zu diesen Determinanten werden bspw. der Umsatz oder der Kundendeckungsbeitrag gezählt.

---

[35] vgl. Reinecke, S.; Keller, J.: Strategisches Kundenwertcontrolling – *Planung, Steuerung und Kontrolle von
Kundenerfolgspotentialen*, in: Reinecke, S.; Tomczak, T. [Hrsg.]: Handbuch Marketingcontrolling – *Effektivität
und Effizienz einer marktorientierten Unternehmensführung*, 2. Auflage, Gabler Verlag, Wiesbaden 2006, S. 257

[36] vgl. Reinecke, S. ; Keller, J.: Strategisches Kundenwertcontrolling – *Planung, Steuerung und Kontrolle von
Kundenerfolgspotentialen*, in: Reinecke, S.; Tomczak, T. [Hrsg.]: Handbuch Marketingcontrolling – *Effektivität
und Effizienz einer marktorientierten Unternehmensführung*, 2. Auflage, Gabler Verlag, Wiesbaden 2006, S. 244

Diese quantitativen Größen gelten als Grundlage der Kundenwertbetrachtung, da sie eine hohe betriebswirtschaftliche Vergleichbarkeit zulassen. Daher gilt: „Je mehr sich der Nutzen eines Kunden für den Anbieter in Geldgrößen fassen lässt und je genauer sich diese monetären Größen ermitteln lassen, um so einfacher gestaltet sich die Analyse und umso näher liegt es, solche monetären Kundenwerte zur Basis unternehmenspolitischer Entscheidungen zu machen."[37] Die qualitativen Bestandteile, wie Informations-, Referenz- und Cross-Selling-Potentiale (auch „weiche" Faktoren genannt), gelten zunächst als nicht-monetär, aber als quantifizierbar bzw. „monetarisierbar". Das heißt ihnen kann auf Grund einer bestimmten Bewertung oder eines Erreichungsgrades ein Wert – zumindest approximativ – zugewiesen werden.[38] Der große Nachteil besteht in der Subjektivität der zugrunde liegenden Informationen und in der damit resultierenden mangelnden Vergleichbarkeit, da die Beurteilung meist durch ein oder mehrere Mitarbeiter der Anbieterunternehmen erfolgt.[39] Des Weiteren unterliegen die Beurteilungen, bspw. die einer Kundenzufriedenheitsumfrage, einem zeitlichen Verlauf, d.h. sie sind abhängig von der Aktualität. Die mehrdimensionalen Bestandteile des Kundenwertes werden in Abbildung 7 dargestellt.

---

[37] Günter, B.: Kundenwert - *mehr als nur Erlös*, in: Günter, B.; Helm, S. [Hrsg.]: Kundenwert. *Grundlagen - Innovative Konzepte - Praktische Umsetzungen*, 3. Auflage, Gabler Verlag, Wiesbaden 2006, S. 244

[38] vgl. Cornelsen, J.: Was ist der Kunde wert? *Kundenwertanalysen im Beziehungsmarketing am Beispiel von Automobilkäufern*, in: Jahrbuch der Absatz- und Verbrauchsforschung, Nr. 1, o.O. 2001, S. 31

[39] vgl. Weber J.; Lissautzki, M.: Kundenwert-Controlling, in: Advanced Controlling, 7. Jg., WHU - Otto-Beisheim-Hochschule, Vallendar 2004, S. 13

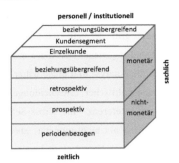

Abbildung 7: Mehrdimensionale Bedeutungsvielfalt des Kundenwertes
Quelle: Eigene Darstellung in Anlehnung an Eberling, G.: Kundenwertmanagement: Konzept zur wertorientierten Analyse und Gestaltung
von Kundenbeziehungen, Gabler Verlag, Wiesbaden 2002, S. 37

Zusammenfassend lässt sich sagen, dass der Kundenwert als Nutzen – als *gesamter* Nutzen – der Geschäftsbeziehung gesehen, nicht nur aus einem monetären Beitrag, der durch einen Kunden erbracht wurde, besteht. Auf Grund dessen sollten bei der Bestimmung ebenfalls qualitative Faktoren berücksichtigt werden. Denn auch, wenn die Kundenwertbestimmung, durch die Quantifizierung der qualitativen Größen aufwendiger wird, so repräsentiert diese einen realistischeren Wert der Anbieter-Kunden-Beziehung.[40] Diese Bewertung eines Kunden lässt weiterhin eine individuelle und kundenorientierte Behandlung des Kunden innerhalb des Customer Relationship Management-Ansatzes zu und fördert die Kundenbindung, welche letztlich zu weiteren Erlösen auf der Anbieterseite führt.

Der Begriff des „profitablen Kunden" wird in dieser Arbeit somit auch verwendet, wenn – aus der betriebswirtschaftlichen Sicht – die Erträge des Kunden seine Aufwendungen nicht übersteigen, aber die qualitativen Faktoren diesen Umstand aufwiegen und er für das Anbieterunternehmen einen Mehrwert liefert und dadurch einen positiven Kundenwert aufweist.

Nachdem der Kundenwert definiert und seine Komponenten vorgestellt wurden, wird im Folgenden auf dessen Bedeutung für den Wert eines Unternehmens eingegangen.

---

[40] vgl. Cornelsen, J.: Kundenwertanalysen im Beziehungsmarketing Theoretische *Grundlagen und Ergebnisse einer empirischen Studie im Automobilbereich*, GIM - Gesellschaft für Innovatives Marketing, Nürnberg 2000, S. 42

1.4 Kundenbeziehungen als Unternehmenswert – die betriebswirtschaftliche Bedeutung des Kundenwertes

"Managing the Customer as an asset."[41]

Trotz der intensiven Auseinandersetzung mit dem Kundenwert als Kennzahl für die Bewertung einer Geschäftsbeziehung, gibt es keine einheitliche Definition, was den Begriff „Wert" angeht. Da dieser in verschiedenen Situationen unterschiedlich verwendet und interpretiert wird, gilt es eine Abgrenzung zu schaffen. In dieser Arbeit wird der Wert als „der Indikator des Ausmaßes verstanden, in dem ein Bewertungsobjekt in einer gegebenen Situation gegebene Ziele des Bewertungssubjekts erfüllen kann."[42] Der Kundenwert, als Bewertungsobjekt, ist demnach ein Teil der unternehmerischen Zielsetzung, da er ein Bestandteil des Unternehmens (des Bewertungssubjektes) ist. Dies bedeutet gleichzeitig, dass der Kundenstamm heute als ein Vermögenswert zu betrachten ist, den es zu beobachten und zu steuern gilt.[43]

Insbesondere bei Dienstleistungsunternehmen bilden, neben den materiellen Werten, die immateriellen Werte einen Großteil des Unternehmenswertes.[44] Bei dieser Betrachtung des Kundenwertes verkörpert jeder Kunde einen bedeutsamen immateriellen Wert.[45]

---

[41] vgl. Blattberg, C.; Getz, G; Thomas, J.: Customer Equity - *Building and Managing Relationships As Valuable Assets*, Harvard Business Press, Boston 2001, S. 3

[42] Reckenfelderbäumer, M.; Welling, M.: Der Beitrag einer relativen Einzel-, Prozesskosten- und Deckungsbeitragsrechnung zur Ermittlung von Kundenwerten – *konzeptionelle Überlegungen und Gestaltungsempfehlungen*, in: Günter, B.; Helm, S. [Hrsg.]: Kundenwert. *Grundlagen - Innovative Konzepte - Praktische Umsetzungen*, 3. Auflage, Gabler Verlag, Wiesbaden 2006, S. 339

[43] vgl. Zeithaml, A., Rust, R., Lemon, K.: The Customer Pyramid: *Creating and Serving Profitable Customers*, California Management Review, Ausgabe 43, Nr. 4, o.O. 2001, S. 121

[44] vgl. Meyer, A.; Kantsperger, R.; Schaffer, M.: Die Kundenbeziehung als zentraler Unternehmenswert, in: Günter, B.; Helm, S. [Hrsg.]: Kundenwert. *Grundlagen - Innovative Konzepte - Praktische Umsetzungen*, 3. Auflage, Gabler Verlag, Wiesbaden 2006, S. 64

[45] vgl. Zeithaml, V.; Berry, L.; Parasuraman, A.: The behavioral Consequences of Service Quality, in: Journal of Marketing, Vol. 60, o.O. 1996, S. 31-46

Es besteht also ein direkter Zusammenhang zwischen dem Kundenwert und dem Unternehmenswert. Aus diesem Grund ist die Bestimmung des Kundenwertes zu einer der wichtigsten Unternehmensaufgaben geworden. Für Unternehmen gilt es das Maß zwischen Marktorientierung, Kundenzufriedenheit und Unternehmenserfolg zu schaffen. Denn es hat sich sowohl theoretisch als auch empirisch gezeigt, dass die Ausrichtung an der Kundenzufriedenheit einen wesentlichen Teil der Performance-Unterschiede zwischen Unternehmen ausmacht.[46]

Von der ehemals vorherrschenden Produktperspektive der vier P's[47], stehen nun die vier K's des Kundenmanagements im Vordergrund: Die Abbildung 8 zeigt die Zusammenhänge zwischen Kundenorientierung, Kundenzufriedenheit, Kundenbindung und Kundenwert für den Unternehmenserfolg.

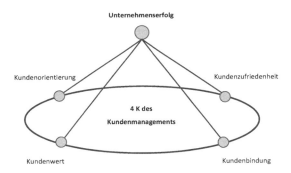

Abbildung 8: Die „vier K" des Kundenmanagements
Quelle: vgl. Helm, S.; Günter, B.: Kundenwert – eine Einführung in die theoretischen und praktischen Herausforderungen der Bewertung von Kundenbeziehungen, in: Günter, B.; Helm, S. [Hrsg.]: Kundenwert – Grundlagen - Innovative Konzepte - Praktische Umsetzungen, 3.Auflage, Gabler Verlag, Wiesbaden 2006, S. 11

Heutzutage gilt es deshalb als nahezu selbstverständlich, die Unternehmensführung markt- und kundenorientiert auszurichten.[48] Jedoch kommt es dabei zum Zielkonflikt zwischen der

---

[46] vgl. Hinterhuber, H.; Matzler, K. [Hrsg.]: Kundenorientierte Unternehmensführung. *Kundenorientierung - Kundenzufriedenheit - Kundenbindung*, 6. Auflage, Gabler Verlag, Wiesbaden 2009, S. 5

[47] Die vier P's: „Product", „placement", „price", „promotion", vgl. McCarthy, J.: Basic Marketing: *A managerial approach*, 13th Edition, Irwin Publishing, Homewood Il. 1960

[48] vgl. Weber J.; Lissautzki, M.: Kundenwert-Controlling, WHU - Otto-Beisheim-Hochschule, Vallendar 2004, S. 7

Erhöhung der Kundenorientierung und der Unternehmenswertorientierung[49]: Zwar hat die Kundenzufriedenheit einen maßgeblichen Einfluss auf den resultierenden finanziellen Unternehmenserfolg[50], aber die Kundenzufriedenheit allein ist kein Garant für profitable Kundenbeziehungen.[51] Hierbei gilt es vielmehr eine Balance zu schaffen zwischen der Ausrichtung der Unternehmensführungsmethoden. Diese Einschränkung bzw. Unterordnung der beiden Führungsarten veranschaulicht die Abbildung 9.

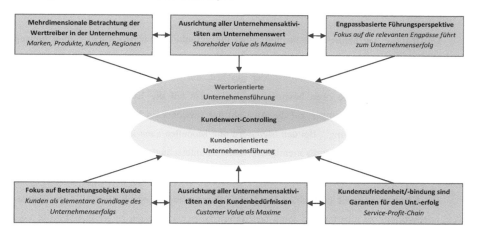

Abbildung 9: Kundenwert-Controlling im Spannungsfeld zwischen wert- und kundenorientierter Unternehmensführung
Quelle: Eigene Darstellung in Anlehnung an Weber, J; Lissautzki, M.: Kundenwert-Controlling, WHU, Vallendar 2004, S. 9

---

[49] Die wertorientierten Unternehmensführung rückt die Interessen der Kapitalgeber verstärkt in den Vordergrund der Unternehmensführung. Die Maximierung des Unternehmenswerts wird dabei zur zentralen Zielgröße, vgl. Hahn, D.; Hintze, M.: Konzepte wertorientierter Unternehmungsführung, in: Handlbauer, G. et al. [Hrsg.]: Perspektiven im strategischen Management, Berlin/New York 1998, S. 59-92

[50] vgl. Rust, R.; Zeithaml, V.; Lemon, K.: Driving Customer Equity: *How Customer Lifetime Value is Reshaping Corporate Strategy*, Free Press, New York 2000, S. 4

[51] siehe exemplarisch Kumar, V.: Managing Customers for Profit: *Strategies to Increase Profits and Build Loyalty*, Wharton School Publishing, o.O. 2008, S. 17 ff. Kumar kommt dabei zu den Schluss, das seine erhöhte Kundenbindung nicht zwingend auch mit einer Maximierung des Unternehmenserfolgs verbunden ist.

Diese Betrachtungsweise verdeutlicht die hohe Bedeutung des Kundenwertes für die erfolgreiche Unternehmensführung. So ist aus Sicht des Unternehmens nicht jeder Kunde profitabel, dadurch weist jede Kundenbeziehung ein unterschiedliches Wertschöpfungspotential auf. Das richtige Verhältnis aus Kunden- und Wertorientierung ist dafür ausschlaggebend, dass Geschäftsbeziehungen mit den Kunden intensiviert werden, die den höchsten potentiellen Kundenwert aufweisen bzw. deren Kundenlebenszeit und somit deren Ertragspotentiale am höchsten sind.[52]

Durch diese ganzheitliche Betrachtung über die gesamte Kundenlebensdauer zeigt hinweg sich deutlich die investitionsorientierte Perspektive des Kundenwertes, das heißt Kundenbeziehungen werden als Investitionsfelder gesehen, die effizient und ressourcenbewusst zu bearbeiten sind.[53] Die oben beschriebene Sichtweise auf die Kundenbeziehung zeigt des Weiteren die Auswirkungen auf die Auswahl der verwendeten Methoden und Modelle zur Kundenwertbestimmung[54]. Bei den Methoden und Modellen kann im Wesentlichen zwischen vergangenheits- und zukunftsorientierten Ansätzen unterschieden werden. Für die Bewertung des Unternehmenswertes sind rein vergangenheitsorientierte Ansätze wenig geeignet.[55]

Die Kenntnis über die profitablen Kundenbeziehungen reicht jedoch nicht aus, um Wettbewerbsvorteile zu schaffen und somit den Unternehmenswert gezielt zu erhöhen. Erst in Verbindung mit geeigneten Prozessen zur Wertschöpfung kann eine Wertsteigerung erfolgen. Die Basis dafür bilden geeignete Technologien, zu denen unter anderem das Customer Relationship Management zählt. Die Bedeutung des CRM für die Kundenwertbetrachtung wird im nachfolgenden Kapitel beschrieben.

---

[52] vgl. Stadelmann, M. et al.: Customer Relationship Management - *12 CRM-Best Practice Fallstudien zu Prozessen, Organisationen, Mitarbeiterführung und Technologie*, Industrielle Organisation, Zürich 2003, S. 54

[53] vgl. Bruhn, M.: Das Konzept der kundenorientierten Unternehmensführung, in: Hinterhuber, H.; Matzler, K. [Hrsg.]: Kundenorientierte Unternehmensführung. *Kundenorientierung - Kundenzufriedenheit - Kundenbindung*, 6. Auflage, Gabler Verlag, Wiesbaden 2009, S. 60

[54] Die verschiedenen Methoden und Modelle werden im Kapitel 3 detailliert behandelt.

[55] vgl. Maier, W.: Zukunftsorientierte Analyse von Kundendaten - *Vom Kundenwert zum Unternehmenswert*, Quelle: www.crm-erfolg.de/Was%20bringt%20CRM/Werte%20steigern.asp [04.11.2009]

2 Customer Relationship Management als Grundlage der Kundenwertbestimmung

"Auf CRM sollte nur derjenige verzichten, der morgen keine Kunden mehr haben möchte."[56]

Dieses Kapitel erläutert den Begriff des Customer Relationship Managements als kundenorientierte Unternehmensphilosophie und als IT-System – und somit als ein Instrument zur Kundenwertbetrachtung.

CRM im Rahmen der Kundenorientierung verfolgt das Ziel, Kundenbedürfnisse zu erfüllen, um die Kundenzufriedenheit und -bindung als Prämisse der langfristigen Kundenbeziehungen zu erhöhen.[57] Dieses Ziel ist mit Kosten verbunden und daher ist die Orientierung an profitablen Kunden unabdingbar. Der Kundenwert ist hierbei ein Kriterium zur Segmentierung des Kundenbestands bzw. eine Steuerungsgröße zur Allokation der Ressourcen, wie die gezielte Verteilung von Marketing- und Vertriebskosten.[58] Letztendlich ist in die Kundenbeziehung nur so viel zu investieren, wie es ihr Kundenwert-Potential rechtfertigt.[59]

Dieses Kapitel beschreibt zunächst den Übergang vom Transaktions- zum Relationship-Marketing bis hin zur Entwicklung des CRM. Darauf folgen eine Definition des CRM sowie eine genaue Einordnung innerhalb des Beziehungsmanagements. Anschließend werden die Komponenten der CRM-Software sowie deren Bedeutung im Rahmen der Kundenwertbe-

---

[56] Winkelmann, P.: Höchste Zeit für Customer Relationship Management: *Balance zwischen Kundenorientierung und Kostenreduktion finden*, o.O. 10/2002, Quelle: www.cas.de/Downloads/Infothek/CASatWORK_13_ Interview_Prof_Winkelmann.pdf [04.11.2009]

[57] vgl. Grabner-Kräuter, S.; Schwarz-Musch, A.: CRM – *Grundlagen und Erfolgsfaktoren*, in: Hinterhuber, H.; Matzler, K. [Hrsg.]: Kundenorientierte Unternehmensführung. *Kundenorientierung - Kundenzufriedenheit - Kundenbindung*, 6. Auflage, Gabler Verlag, Wiesbaden 2009, S. 179

[58] vgl. Stokburger, G.; Pufahl, M.: Kosten senken mit CRM: *Strategien, Methoden und Kennzahlen*, Gabler Verlag, Wiesbaden 2002, S. 86

[59] vgl. Meyer, A.; Kantsperger, R.; Schaffer, M.: Die Kundenbeziehung als ein zentraler Unternehmenswert - *Kundenorientierung als Werttreiber der Kundenbeziehung*, in: Günter, B.; Helm, S. [Hrsg.]: Kundenwert. *Grundlagen - Innovative Konzepte - Praktische Umsetzungen*, 3. Auflage, Gabler Verlag, Wiesbaden 2006, S. 66

stimmung beschrieben. Weiterführend wird das CRM-System als Informationssystem mit den relevanten Kundendaten genauer betrachtet, um im Anschluss auf die technischen und inhaltlichen Herausforderungen einzugehen, die zu bewältigen sind, damit das CRM-System zur Kundenbewertung unterstützen kann.

2.1   Definition des Customer Relationship Managements und Einordnung des Kundenwertes

Die zunehmende Globalisierung und die Deregulierung der Märkte der letzten Jahrzehnte, zeigen sich vor allem in einer gestiegenen Markttransparenz und führen weiterhin zur Senkung der Wechselbarrieren eines Kunden, einer erhöhten Wettbewerbsintensität und zu einer Individualisierung des Konsums. Diese Faktoren stärken nachhaltig die Position des Käufers und machen den Kundennutzen zum bestimmenden Faktor für den Markterfolg.[60] Die Anbieterunternehmen mussten reagieren und so änderte sich die Art der Kundensicht: Der Kunde rückte in den Mittelpunkt aller unternehmerischen Entscheidungen.

Diese Veränderungen der unternehmerischen Sicht sorgten für ein neues Marketingverständnis von einer transaktions- zu einer beziehungsorientierten Sichtweise.[61] Durch diesen Paradigmenwechsel wurde erreicht, dass nicht mehr die Initiierung von Einzeltransaktionen[62] das vertriebliche Hauptziel waren, sondern die „Erschließung des gesamten, über den ganzen

---

[60] vgl. Picot, A.; Reichwald, R.; Wigand, R.: Die grenzenlose Unternehmung: *Information, Organisation und Management*, 5. Auflage, Gabler Verlag, Wiesbaden 2003, S.6

[61] vgl. Bruhn, M.: Das Konzept der kundenorientierten Unternehmensführung, in: Hinterhuber, H.; Matzler, K. [Hrsg.]: Kundenorientierte Unternehmensführung. *Kundenorientierung - Kundenzufriedenheit - Kundenbindung*, 6. Auflage, Gabler Verlag, Wiesbaden 2009, S. 37

[62] vgl. Bruhn, M.: Das Konzept der kundenorientierten Unternehmensführung, in: Hinterhuber, H.; Matzler, K. [Hrsg.]: Kundenorientierte Unternehmensführung. *Kundenorientierung - Kundenzufriedenheit - Kundenbindung*, 6. Auflage, Gabler Verlag, Wiesbaden 2009, S. 37, ebenso: vgl. Diller, H.: Beziehungs-Marketing, in: WiSt, 24. Jg., Nr. 9, o.O. 1995, S. 442-447

Kundenlebenszyklus hinweg realisierbaren Kundenwertvolumens"[63]. In Tabelle 1 sind die signifikanten Unterschiede der beiden Ansätze gegenübergestellt:

Tabelle 1: Paradigmenwechsel im Marketing: Transaktion- versus Relationship-Marketing
Quelle: Eigene Darstellung in Anlehnung an Bruhn, M.: Relationship Marketing – Das Management von Kundenbeziehungen, Vahlen Franz GmbH, München 2001, S. 12, ebenso: Eggert, A.: Kundenbindung aus Kundensicht: Konzeptualisierung – Operationalisierung – Verhaltenswirksamkeit, Gabler Verlag, Wiesbaden 1999, S. 16

Frage nach	Transaktions-Marketing	Beziehungs-Marketing
Ziel	- „To make a sale"	- „To create a customer"
	- Einseitige Transaktion / Verkauf als Abschluss der Kundenbeziehung	- Etablierung langfristiger Geschäftsbeziehungen
	- Bedürfnisbefriedigung	- Interaktive Wertgenerierung und Kundenintegration
Kundenverständnis	- Anonymer Kunde	- Kenntnis individueller Kunden
	- Relative Unabhängigkeit von Verkäufer und Käufer	- Interdependenzen von Verkäufer und Käufer
Marketingaufgabe und Erfolgskriterium	- Einseitig	- Zweiseitig
	- Fokus auf Neukundengewinnung	- Fokus auf Wertsteigerung in bestehenden Beziehungen
Marketingverständnis und Kernaspekte des Austausches	- Fokus auf Produkte (Mass production)	- Fokus auf Service (Mass customization)
	- Kundenkontakte als episodische Ereignisse	- Kundenkontakt als kontinuierlicher Prozess
		- Individualisierter Dialog

Auf Grund des enormen Wandels von der produktorientierten hin zu einer kundenorientierten Betrachtungsweise[64], kam es zu einer Neuausrichtung im gesamten Beziehungsmanagement. Die Fokussierung auf die Bedürfnisse des Kunden und der individualisierte Dialog mit einer Vielzahl von Kunden erforderten neue Ansätze.

Die Abbildung 10 zeigt die Zusammenhänge der Begriffe „Beziehungsmanagement", „Beziehungsmarketing", „Kundenbeziehungsmanagement (Customer Relationship Management)" und dem „Kundenbindungsmanagement".

---

[63] Diller, H.: Die Bedeutung des Beziehungsmarketing für den Unternehmenserfolg, in: Hippner, H.; Wilde, K. [Hrsg.]: Grundlagen des CRM - *Konzepte und Gestaltung*, 2. Auflage, Gabler Verlag, Wiesbaden 2006, S. 99

[64] siehe Kapitel 1.4: Die Abkehr der klassischen Marketinginstrumente der 4 P's (Product, Price, Promotion, Place) hin zu den 4 K's (Kundenorientierung, Kundenzufriedenheit, Kundenbindung und Kundenwert)

Abbildung 10: Die Abgrenzung von Customer Relationship Management von verwandten Begriffen
Quelle: Eigene Darstellung in Anlehnung an Hippner, H.: CRM - Grundlagen, Ziele und Konzepte, in: Hippner, H.; Wilde, K. [Hrsg.]:
Grundlagen des CRM – Konzepte und Gestaltung, 2. Auflage, Gabler Verlag, Wiesbaden 2006, S. 20

Beziehungsmanagement umfasst dabei „sämtliche Maßnahmen der Analyse, Planung, Durchführung und Kontrolle, die der Initiierung, Stabilisierung, Intensivierung und Wiederaufnahme von Geschäftsbeziehungen mit dem Ziel des gegenseitigen Nutzens dienen."[65] Alle drei Konzepte zeichnen sich dadurch aus, dass eine Orientierung an alle Beziehungspartner des Unternehmens existiert. Die CRM-Strategie verfolgt die Zielsetzung des Beziehungsmanagements und umfasst neben der Berücksichtigung des potentiellen Kunden zusätzlich die verlorenen Kunden. Allein das Kundenbindungsmanagement beschränkt sich ausschließlich auf die Gestaltung der Beziehungen zu den aktuellen Kunden.[66]

In dieser Arbeit wird der Bereich des CRM zur Kundenwertbetrachtung herangezogen, denn dadurch, dass der Kundenwert eine Beobachtung des gesamten Kundenlebenszyklus ist, müssen auch die Akquisitionskosten, die bereits vor Zustandekommen der eigentlichen Kundenbeziehung angefallen sind, berücksichtigt werden (siehe dazu Abbildung 4, S. 18).

Der Ansatz des *Customer Relationship Management* unterstützt das Ziel der konsequenten Kundenausrichtung, indem versucht wird, profitable Kundenbeziehungen aufzubauen, zu

---

[65] Bruhn, M.: Relationship Marketing - *Management von Kundenbeziehungen*, Vahlen Verlag, München 2001, S. 9

[66] vgl. Hippner, H.; CRM – *Grundlagen, Ziele, Konzepte*, in Hippner, H.; Wilde, K. [Hrsg.]: Grundlagen des CRM – *Konzepte und Gestaltung*, 2. Auflage, Gabler Verlag, Wiesbaden 2006, S. 19

erhalten und zu intensivieren.[67] Das heißt, der Ansatz des CRM überführt den theoretischen Grundgedanken der Kundenorientierung zum einen als Managementaufgabe, zum anderen als technologische Komponente in die Unternehmenspraxis. CRM gilt heute zwar als etabliert[68], wird jedoch häufig auf seine softwaretechnische Komponente reduziert. Diese einseitige Betrachtung birgt jedoch die Gefahr, dass die notwendigen Rahmenbedingungen für eine erfolgreich kundenorientierte Unternehmensphilosophie nicht beachtet werden und keine regelmäßige Anwendung finden.[69]

Im Kontext dieser Arbeit ist es wichtig, ein einheitliches Verständnis des CRM zu schaffen: CRM wird in als eine kundenorientierte Managementaufgabe verstanden, die mit Hilfe moderner Informations- und Kommunikationstechnologien versucht, langfristig profitable „Kundenbeziehungen durch ganzheitliche und individuelle Marketing-, Vertriebs- und Servicekonzepte, sowie differenzierte und bereichsübergreifende Führungskonzepte aufzubauen und zu festigen."[70] CRM gliedert sich folglich in zwei Bereiche:

- CRM als kundenorientierte Unternehmenskultur. Dies bedingt eine Ausrichtung sämtlicher Geschäftsprozesse und Verantwortlichkeiten an den Kunden.
- Das CRM-System als informationstechnologisches Konzept, welches alle kundenbezogenen Daten beinhaltet und für eine Zusammenführung der Kommunikationskanäle

---

[67] vgl. Füller, J.; Mühlbacher, H.; Bartl, M.: Beziehungsmanagement durch virtuelle Kundeneinbindung in den Innovationsprozess, in: Hinterhuber, H.; Matzler, K. [Hrsg.]: Kundenorientierte Unternehmensführung. *Kundenorientierung - Kundenzufriedenheit - Kundenbindung*, 6. Auflage, Gabler Verlag, Wiesbaden 2009, S. 199

[68] vgl. Töpfer, A.: Erfolgsfaktoren, Stolpersteine und Entwicklungsstufen des CRM, in: Töpfer, A [Hrsg.]: Handbuch Kundenmanagement - *Anforderungen, Prozesse, Zufriedenheit, Bindung und Wert von Kunden*, 3. Auflage, Springer Verlag, Berlin/Heidelberg 2008, S. 627

[69] So fordern Homburg/Sieben ein klares CRM-Konzept, und dass unternehmensinterne Voraussetzungen geschaffen werden, vgl. Homburg, C.; Sieben, F.: CRM - *Strategische Ausrichtung statt IT-getriebener Aktivismus*, in: Bruhn, M.; Homburg, C.: Handbuch Kundenbindungsmanagement, 6. Auflage, Gabler Verlag, Wiesbaden 2008, S. 502

[70] vgl. Hippner, H.; Wilde, K.: CRM – *Ein Überblick*, in: Helmke, S. ; Dangelmaier W.; Uebel M. [Hrsg.]: Effektives Customer Relationship Management, *Instrumente - Einführungskonzepte - Organisation*, 2. Auflage, Gabler Verlag, Wiesbaden 2002, S. 6 ff.

sorgt. Die CRM-Software bildet mit der zentralen Datenbasis die Informationsplattform, die eine ganzheitliche Abbildung des Kunden und die eine individuelle Ansprache ermöglicht.[71]

Neben der Unternehmensphilosophie rückt im Rahmen der Kundenwertbetrachtung die informations- und kommunikationstechnologische Komponente des Customer Relationship Management in den Vordergrund.[72] Der nachfolgende Abschnitt befasst sich mit dem strukturellen Aufbau von CRM – jeweils mit dem Bezug auf die Kundenwertbetrachtung.

2.2 Die Komponenten des CRM-Systems und deren Bedeutung für die Kundenwertorientierung

Die Umsetzung einer CRM-Strategie als kunden(wert)orientierte Unternehmensphilosophie erfordert vor allem eine kundenorientierte Denkweise des Unternehmens. Dennoch bildet auch das CRM-System, als informationstechnologisches Konzept, eine wichtige Grundlage für die Überführung des Managementansatzes in die Unternehmenspraxis. Die Herausforderung ist, mit vielen Kunden einen intensiven und individuellen Kontakt zu pflegen und zu fördern. Dieses Ziel ist unter wirtschaftlichen Gesichtspunkten nur mit der Unterstützung moderner Technologien zu erreichen. Erst diese erlaubt die systematische Erfassung von Kundendaten. Erst durch die gezielte Aufbereitung kundenspezifischer Informationen können individuelle Anforderungen identifiziert und an die Kunden kommuniziert werden.[73]

---

[71] vgl. Hippner, H.; CRM – *Grundlagen, Ziele, Konzepte*, in Hippner, H.; Wilde, K. [Hrsg.]: Grundlagen des CRM - *Konzepte und Gestaltung*, 2. Auflage, Gabler Verlag, Wiesbaden 2006, S. 18

[72] Dies wird deutlich anhand der Vielzahl der verschiedenen CRM-Softwarelösungen. So liefert die Katholische-Universität-Eichstätt-Ingolstadt in ihrer Marktstudie einen Überblick über die 63 marktbedeutenden CRM-Anbieter in Deutschland, vgl. Wilde, K.; Rühl, D.; Hippner, H.: CRM-Studie 2009, Quelle: www.ku-eichstaett.de/Fakultaeten/WWF/Lehrstuehle/WI/Forschung/publikationen/pubk_studien.de [04.11.2009]

[73] vgl. Töpfer, A.: Erfolgsfaktoren, Stolpersteine und Entwicklungsstufen des CRM, in: Töpfer, A [Hrsg.]: Handbuch Kundenmanagement - *Anforderungen, Prozesse, Zufriedenheit, Bindung und Wert von Kunden*, 3. Auflage, Springer Verlag, Berlin/Heidelberg 2008, S. 632

Das CRM-System stellt eine zentrale, unternehmensweite Datenbank bereit und sorgt dadurch für die Abschaffung von ggf. bestehenden „Insellösungen". Die dadurch entstehende abteilungsübergreifende Kundenschnittstelle, ermöglicht eine einheitliche Sicht auf die Kundendaten.[74] Zur Systematisierung lassen sich die CRM-Systeme in drei zentrale Komponenten unterteilen, die eng miteinander verbunden sind:[75]

- kommunikatives CRM
- analytisches CRM
- operatives CRM

Die drei Komponenten werden nachfolgend mit dem jeweiligen Nutzen für die Kundenwertausrichtung vorgestellt.

Kommunikatives CRM und seine Bedeutung für die Kundenwertorientierung

Das *kommunikative CRM* umfasst das Management aller Kommunikationskanäle. Dieser Teil des CRM-Systems unterstützt und synchronisiert die verschiedenen Interaktionskanäle und ermöglicht einen stimmigen Dialog sowie ein einheitliches Erscheinungsbild im Auftritt des Unternehmens beim Kunden.[76] Die einzelnen Kommunikationskanäle werden zielgerichtet eingesetzt, um den Kundenkontakt und somit die Kundenbindung zu fördern. Ziel ist eine bidirektionale, effiziente Kommunikation mit dem Kunden, um seine Bedürfnisse kennenzulernen und ihm entsprechende Angebote zu unterbreiten.

Die Kundenwertbetrachtung ermöglicht mit Hilfe der kommunikativen Elemente des CRM-Systems eine möglichst profitable Allokation der Marketing-Ressourcen auf die verschiede-

---

[74] vgl. Grabner-Kräuter, S.; Schwarz-Musch, A.: CRM – *Grundlagen und Erfolgsfaktoren*, in: Hinterhuber, H.; Matzler, K. [Hrsg.]: Kundenorientierte Unternehmensführung. *Kundenorientierung - Kundenzufriedenheit - Kundenbindung*, 6. Auflage, Gabler Verlag, Wiesbaden 2009, S. 183

[75] vgl. Hippner, H.; Martin, S.; Wilde, K.: Customer Relationship Management - *Strategie und Realisierung*, in: Hippner, H.; Wilde, K. [Hrsg.]: CRM 2003, Absatzwirtschaft, Düsseldorf, S. 21

[76] vgl. Grabner-Kräuter, S.; Schwarz-Musch, A.: CRM - *Grundlagen und Erfolgsfaktoren*, in: Hinterhuber, H.; Matzler, K. [Hrsg.]: Kundenorientierte Unternehmensführung. *Kundenorientierung - Kundenzufriedenheit - Kundenbindung*, 6. Auflage, Gabler Verlag, Wiesbaden 2009, S. 184

nen Kommunikationskanäle.[77] So können positiv bewertete Kunden durch besondere Angebo-te bevorzugt behandelt werden, dabei kann der Kunde im besten Fall wählen, über welchen Weg er sich verständigen möchte. Durch die Wahl seines präferierten Kontaktmediums steigt seine Kundenzufriedenheit. Durch das Management der Kommunikationsmittel wird gewähr-leistet, dass alle Kundenkontakte aufeinander abgestimmt sind und eine optimale Gesamtwir-kung erzielt wird.[78] Zudem führt die Abkehr vom Massenmarketing hin zum selektiven, zielgerichteten Marketing zu einer Verringerung von Streuverlusten bei Marketingaktionen. Die Aufwendungen und Mittel zur Kundenakquise und -bindung werden dadurch verringert, d.h. die Kosten der Neukunden- und Bestandskundenpflege sinken.

Operatives CRM und seine Bedeutung für die Kundenwertorientierung

Das *operative CRM* steht in sehr enger Beziehung zur kommunikativen Komponente und unterstützt die Prozesse der Bereiche, in denen ein direkter Kundenkontakt besteht: Es inte-griert Lösungen zur Marketing-, Vertriebs- und Service-Automation.

Marketing-Automation fördert die kundenbezogenen Geschäftsprozesse im Marketing und besonders die ganzheitliche Gestaltung des Informationsaustauschs in der Interaktion mit dem Kunden. Als Kernbereich der Marketing-Automation wird das Kampagnenmanagement angesehen, das dem richtigen Kunden das richtige Angebot über den richtigen Kommunikati-onskanal zum richtigen Zeitpunkt vermitteln soll.[79]

Sales-Automation hilft dem Vertrieb bei der Vor- und Nachbereitung des Verkaufs. Vorrangig wird durch die Automatisierung von Vorgängen Zeit gespart und dadurch der Vertriebsmitar-

---

[77] vgl. Krafft, M.; Hesse, J.; Knappik, K.: Internationales Direktmarketing. *Grundlagen, Best Practice, Marketing-fakten*, 2. Auflage, Gabler Verlag, Wiesbaden 2006, Vorwort

[78] vgl. Holland, H.; Huldi, H.; Kuhfuß, H.: CRM im Direktmarketing. *Kunden gewinnen durch interaktive Prozesse*, Gabler Verlag, Wiesbaden 2001, S. 50

[79] vgl. Grabner-Kräuter, S.; Schwarz-Musch, A.: CRM - *Grundlagen und Erfolgsfaktoren*, in: Hinterhuber, H.; Matzler, K. [Hrsg.]: Kundenorientierte Unternehmensführung. *Kundenorientierung - Kundenzufriedenheit - Kundenbindung*, 6. Auflage, Gabler Verlag, Wiesbaden 2009, S. 185

beiter entlastet. Typische Aufgaben in diesem Bereich sind bspw. die Termin- und Routen-planung, die Vereinfachung der Angebotserstellung und Kundendatenverwaltung.

Service-Automation unterstützt den Innen- und Außendienst bei der Erfüllung von Kunden-dienstleistungen Es besteht die Möglichkeit die Funktionen der Sales-Automation im Service zu verwenden. Die Service-Automation umfasst im Serviceinnendienst die Kontaktunterstüt-zung bei Kundenanfragen oder die Bearbeitung von Reklamationen und Beschwerden.

Im Bereich des operativen CRMs sorgt der Kundenwert für eine Priorisierung von einzelnen Kunden bzw. Kundengruppen. Der Kundenwert weist dabei dem Kunden einen Status zu, der es den Marketing-, Vertriebs- oder Service-Mitarbeitern erlaubt einen gewinnbringenden Kunden vorrangig zu behandeln. Eine Übersicht der Kunden je nach Wert für das Unterneh-men ermöglicht einen verbesserten Service, da sich Mitarbeiter verstärkt um Kunden küm-mern, die positiv bewertet sind oder ein hohes zukünftiges Potential besitzen. Dadurch steigt die Kundenzufriedenheit und es wird möglich das gesamte Kundenpotential auszuschöpfen.[80]

Analytisches CRM und seine Bedeutung für die Kundenwertorientierung

Beim *analytischen CRM* nimmt die Kundendatenbank (Customer Data Warehouse) eine zentrale Rolle ein. Diese unternehmensweite Datenbank verfügt über alle kundenbezogenen Informationen, wie Adressen als Stammdaten und deren Bewegungsdaten in Form von Akti-vitäten, die im Laufe der Kundenbeziehung (Kaufhistorien, Aktions- und Reaktionsdaten) angelegt werden. Diese Aktivitäten, die durch das operative und kommunikative CRM zur Verfügung gestellt werden, können im analytischen CRM aufbereitet und ausgewertet wer-den.[81] Die Analysedatenbank kann losgelöst von der operativen Datenbank, in einem soge-

---

[80] vgl. Winkelmann, P.: Kundenwerte ermitteln und Prioritäten steuern - *Grundlagen und Trends im Customer Value Management. Statische und dynamische Methoden zur Kundenbewertung*, Schimmel Media Verlag GmbH & Co. KG, Würzburg 2004, S. 15

[81] Die Auswertung geschieht mit Hilfe spezieller „Werkzeuge" wie *OLAP* (Online Analytical Processing) und *Data Mining*. Diese setzen als intelligente Informationsextraktionstools auf dem analytischen CRM-System *(Data Warehouse)* auf, um die darin enthaltenen Daten zu analysieren und die Lücke zwischen dem Informationsbedarf und dem Informationsangebot zu verringern, vgl. Picot, A.; Reichwald, R.: Informationswirtschaft, in: Heinen, E. [Hrsg.]: Industriebetriebslehre, 9. Auflage, Gabler Verlag, Wiesbaden 1991, S. 276

nannten „Data Warehouse", betrieben werden, um das Tagesgeschäft durch rechenintensive Analysen nicht zu beinträchtigen. Die gewonnenen Informationen liefern einen Mehrwert, indem Zusammenhänge zwischen Kundenverhaltensdaten sichtbar werden, zeigen Trends oder ermitteln zuvor definierte Kennzahlen.[82] Die gewonnen Informationen des analytischen CRM werden zur Verwendung im operativen CRM bereitgestellt, um sie im kommunikativen Teil für kundenbezogene, individualisierte Marketing- und Verkaufskampagnen zu nutzen. Umgekehrt werden die Daten des operativen Bereiches wieder zurückgespielt für die fortlaufende Auswertung im analytischen Teil. Durch das Zusammenwirken der drei CRM-Komponenten ist ein ständiger Verbesserungskreislauf möglich („Closed-Loop").[83]

Das analytische CRM bildet eine wichtige Komponente in Bezug auf die Kundenwertermittlung. Die Analyse der Bewegungsdaten ermöglicht die Ermittlung wichtiger Kennzahlen, deren Berechnung insbesondere bei großen Datenmengen im Customer Data Warehouse nicht möglich ist. Des Weiteren liefern die Analysen die Möglichkeit von Prognosen – je nach Verfügbarkeit und Güte der Stamm- und Bewegungsdaten des operativen CRM-Systems zur Ermittlung von Kennzahlen.

---

[82] vgl. Kuhl, M.; Stöber, O.: Data Warehousing und Customer Relationship Management als Grundlagen des wertorientierten Kundenmanagements, in: Kundenwert. *Grundlagen - Innovative Konzepte - Praktische Umsetzungen*, 3. Auflage, Gabler Verlag, Wiesbaden 2006, S. 534

[83] vgl. Hippner, H.; Rentzmann, R.; Wilde, K.: Aufbau und Funktionalitäten von CRM-Systemen, in: Hippner, H.; Wilde, K. [Hrsg.]: Grundlagen des CRM - *Konzepte und Gestaltung*, 2. Auflage, Gabler Verlag, Wiesbaden 2006, S. 49

Die Abbildung 11 zeigt zusammenfassend die drei CRM-Komponenten mit den einzelnen Bestandteilen und deren Abhängigkeiten.

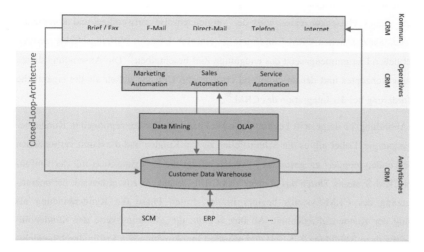

Abbildung 11: Komponenten eines CRM-Systems
Eigene Darstellung in Anlehnung an Hinterhuber H.; Matzler K.: Kundenorientierte Unternehmensführung: Kundenorientierung –
Kundenzufriedenheit – Kundenbindung, 4. Auflage, Gabler Verlag, Wiesbaden 2004, S. 202

2.3   CRM-Systeme als Instrument der Kundenwertbestimmung

Gemäß der eingeführten Definition verfolgt CRM das Ziel den Erfolg eines Unternehmens zu steigern, indem profitable Kundenbeziehungen aufgebaut, gehalten und ausgebaut werden und dadurch der Unternehmenswert erhöht wird.[84] Das CRM-System und seine Komponenten liefert diesbezüglich einen entscheidenden Beitrag: Durch die zentrale Datenbasis mit einer vollständigen Kundenhistorie wird eine Kundenwertbestimmung erst möglich. Die Vorteile, die durch die Nutzung eines CRM-Systems hinsichtlich der Kundenwertbestimmung entstehen, werden in diesem Abschnitt erläutert.

---

[84] vgl. Matzler, K.; Stahl, H.; Hinterhuber, H.: Customer-based View der Unternehmung, in: Bruhn, M.; Homburg, C.: Handbuch Kundenbindungsmanagement, 6. Auflage, Gabler Verlag, Wiesbaden 2008, S. 7 ff.

Zur Erreichung dieser Ziele ist eine kundenorientierte und unternehmensindividuelle Strategie zu entwickeln.[85] Diese Strategiefindung und der damit einhergehende Reorganisationsprozess lassen sich anhand eines Phasenkonzeptes, gemäß der „Wirkungskette des CRM" erläutern. Mit Hilfe dieses Phasenkonzeptes wird der vergleichsweise aufwendige und komplexe[86] Prozess der ganzheitlichen CRM-Einführung in einzelne Ursache-Wirkungseffekte zerlegt, die anschließend zusammengesetzt das endgültige Ziel beschreiben.[87] Die Anwendung dieses Einführungskonzeptes und der anschließend erfolgreiche Umgang gelten als die eigentliche Herausforderung bei der Integration des CRM.[88]

Wie in Abbildung 12 dargestellt beginnt die erste Phase mit der konzeptionellen Kundenbeziehungsstrategie. Dabei gilt es die Schnittstellen zu den Kunden und die damit verbundenen Prozesse kundenorientiert zu gestalten.[89] Danach erfolgt die Reorganisation mit der Einführung des CRM-Systems. Durch das „Leben" des CRM-Gedankens zusammen mit der operativen Nutzung des CRM-Systems beginnt in der dritten Phase die Kundenbindung als Steigerung der Kundenzufriedenheit. Ab hier beginnt die „Wirkungskette der Kundenbindung" (siehe dazu Abbildung 3, S. 14) und resultiert im ökonomischen Erfolg durch langlebige, profitable Kundenbeziehungen. Auch in dieser Wirkungskette wird der gesamte Ablauf durch externe und interne Faktoren beeinflusst, die positive oder negative Auswirkungen haben können.

---

[85] vgl. Hippner, H.; CRM - *Grundlagen, Ziele, Konzepte*, in Hippner, H.; Wilde, K. [Hrsg.]: Grundlagen des CRM - *Konzepte und Gestaltung*, 2. Auflage, Gabler Verlag, Wiesbaden 2006, S. 21

[86] Die Komplexität der CRM-Einführung ist vor allem begründet durch die unternehmensweite und abteilungsübergreifende Veränderung in der Unternehmensführung aber auch durch die Veränderung der IT-Landschaft. So wird ein umfangreiches Projektmanagement und ein Change Management notwendig, vgl. ibidem

[87] vgl. Silber, A.: Schnittstellenmanagement im CRM-Prozess des Industriegütervertriebs, Gabler Verlag, Wiesbaden 2007, S. 106

[88] vgl. Götz, O.; Krafft, M.: Erfolgreiche Implementierung von CRM-Strategien, in: Bruhn, M.; Homburg, C.: Handbuch Kundenbindungsmanagement, 6. Auflage, Gabler Verlag, Wiesbaden 2008, S. 551

[89] vgl. Hippner, H.; CRM - *Grundlagen, Ziele, Konzepte*, in Hippner, H.; Wilde, K. [Hrsg.]: Grundlagen des CRM - *Konzepte und Gestaltung*, 2. Auflage, Gabler Verlag, Wiesbaden 2006, S. 32

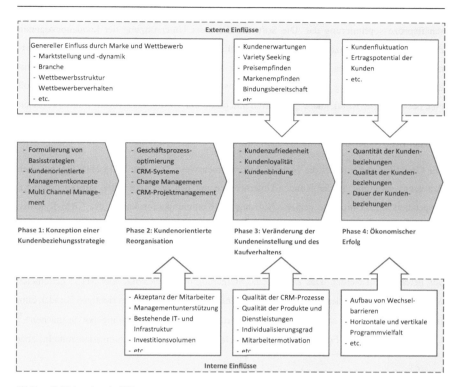

Abbildung 12: Wirkungskette des CRM
Quelle: Eigene Darstellung in Anlehnung an Hippner, H.: CRM – Grundlagen, Ziele und Konzepte, in: Hippner, H.; Wilde, K. [Hrsg.]: Grundlagen des CRM - Konzepte und Gestaltung, 2. Auflage, Gabler Verlag, Wiesbaden 2006, S. 22

Anhand der CRM-Wirkungskette wird deutlich, dass – nach der ersten, konzeptionellen Phase – bereits in der zweiten Phase eine weitreichende Veränderung des operativen Tagesgeschäfts entsteht: Durch die Einführung einer CRM-Software werden die theoretischen Management-konzepte in die Unternehmenspraxis überführt. Die konzipierten Geschäftsprozesse sind abteilungsübergreifend in den Bereichen Marketing, Vertrieb, Kundendienst sowie Forschung und Entwicklung zu implementieren, wobei eine Orientierung entlang des Kundenlebenszyklus nahe liegt.[90] Dabei stellt die Konfiguration des CRM-Systems die Abbildung der Ge-

---

[90] vgl. Hippner, H.; Leber, M.; Wilde, K.: Controlling von CRM Projekten, in: Wilde, K.; Hippner, H.: Management von CRM-Projekten. *Handlungsempfehlungen und Branchenkonzepte*, Gabler Verlag, Wiesbaden 2004, S. 141

schäftsprozessoptimierung dar. Die Software dient der Unterstützung der kundenbezogenen Prozesse und unterstützt die Mitarbeiter bei allen Kontaktpunkten mit den Beziehungspartnern des Unternehmens, insbesondere bei der Kommunikation mit einer Vielzahl an Kunden.[91] Die Befriedigung individueller Kundenwünsche steht dabei im Vordergrund. Es soll eine bestmögliche Kundennähe geschaffen und damit ein Wettbewerbsvorteil im Markt erzielt werden. Dieses Ziel lässt sich erreichen, indem eine Datenbasis geschaffen wird, die eine ganzheitliche Sicht auf die Kundendaten zulässt.[92]

Die Grundlage dafür bildet die zentrale, unternehmensweite Datenbank mit einer einheitlichen Adressenverwaltung, in der Kunden-Unternehmen mit den entsprechenden Ansprechpartnern gespeichert sind. Durch die gezielte Nutzung der Kommunikationskanäle des CRM-Systems, entsteht die Möglichkeit die Kunden personalisiert anzusprechen und individuell zu bedienen. Basierend auf der Bedürfnisbefriedigung und gemäß dem Mass-Customizing-Prinzip[93], wird dem Kunden ein Mehrwert geboten, in dem anforderungsgerechte Produkte und Dienstleistungen bereitgestellt werden. Das Ziel ist eine Steigerung der Effektivität aller Markt gerichteten Maßnahmen auf Basis der kundenspezifischen Informationen[94], um „dem richtigen Kunden zum richtigen Zeitpunkt ein maßgeschneidertes Informations- oder Leistungsangebot zu machen".[95] Die Korrespondenz in Form von E-Mails, Briefen und anderen Kommunikationsmitteln, aber

---

[91] vgl. Hippner, H.; CRM - *Grundlagen, Ziele, Konzepte*, in Hippner, H.; Wilde, K. [Hrsg.]: Grundlagen des CRM - *Konzepte und Gestaltung*, 2. Auflage, Gabler Verlag, Wiesbaden 2006, S. 32

[92] vgl. Grabner-Kräuter, S.; Schwarz-Musch, A.: CRM - *Grundlagen und Erfolgsfaktoren*, in: Hinterhuber, H.; Matzler, K. [Hrsg.]: Kundenorientierte Unternehmensführung. *Kundenorientierung - Kundenzufriedenheit - Kundenbindung*, 6. Auflage, Gabler Verlag, Wiesbaden 2009, S. 183

[93] Mass-Customization (*kundenindividuelle Massenproduktion*) bezeichnet Produkte und/oder Dienstleistungen, welche die Bedürfnisse des individuellen Nachfragers treffen, mit der Effizienz eines vergleichbaren Massen- bzw. Serienproduktes, vgl. Reichwald, R.; Piller, F.: Interaktive Wertschöpfung: *Open Innovation, Individualisierung und neue Formen der Arbeitsteilung*, Wiesbaden 2006, S. 199

[94] vgl. Schaller, C.; Stotko, C..; Piller, F., in: Mit Mass Customization basiertem CRM zu loyalen Kundenbeziehungen, in: Hippner, H.; Wilde, K. [Hrsg.]: Grundlagen des CRM – *Konzepte und Gestaltung*, 2. Auflage, Gabler Verlag 2007, S. 124

[95] Hildebrand, V.: Individualisierung als strategische Option der Marktbearbeitung, Deutscher Universitäts-Verlag, o.O. 1997, S. 228

auch die Ablage von Rechnungen von erworbenen Produkten und Dienstleistungen (bspw. durch die Schnittstelle zur Warenwirtschaft), lassen sich als Teil der Kundenhistorie im CRM-System ablegen. Diese Bewegungsdaten bilden eine chronologische Aktivitätenhistorie entsprechend des Kundenlebenszyklus. Die Kundenhistorie dient der Bewertung von Kundenaktivitäten und lässt eine Prognose der Kundenentwicklung zu. Eine vollständige Kundenhistorie liefert so einen wertvollen Beitrag zur Kundenwertbestimmung.[96]

Ein weiterer Vorteil der zentralen Datenbank ist die Möglichkeit der Erstellung von Kundenprofilen.[97] Eine solche Segmentierung verfolgt das Ziel die verschiedenen Kunden anhand ihrer unternehmensspezifischen Merkmale in homogene Gruppen einzuteilen. So kann durch die Bildung von Gruppen, die Kundenansprache spezifischer gestaltet sowie der Betreuungsaufwand effizienter gesteuert werden.[98] Im Business-to-Business-Umfeld kann durch eine unternehmensdemographische Segmentierung unter anderem nach Branche, Unternehmensgröße, Umsätzen oder Produktnutzung unterschieden werden (siehe Tabelle 2).

Tabelle 2: Segmentierungsansätze
Quelle: Eigene Darstellung in Anlehnung an Fritz, W.: Internet-Marketing und Electronic Commerce: Grundlagen - Rahmenbedingungen - Instrumente, 3. Auflage, Gabler Verlag, Wiesbaden 2004, S. 175

Segmentierungsansatz	Merkmale	Segmentierungsvariablen (Beispiele)
Geographisch	- Einteilung in geographische Einheiten	- Länder, Regionen, Städte
Soziodemographisch	- Einteilung in soziodemographische Segmente	- Alter, Geschlecht, Einkommen, Bildung, soziale Schicht, Familienstand
Unternehmens-demographisch	- Einteilung nach unternehmensspezifischen Merkmalen	- Umsatz, Anzahl der Beschäftigten, Rechtsform, Branche
Verhaltensorientiert	- Teilt den Markt danach ein, wie ein Kunde ein Produkt kauft/nutzt	- Markentreue, Kundenloyalität
Nutzenorientiert	- Teilt den Markt ein, welchen Nutzen sich der Kunde von einem Angebot verspricht	- Bequemlichkeit, Qualität, Prestige

---

[96] vgl. Lissautzki, M.: Kundenwertorientierte Unternehmenssteuerung - *Voraussetzungen, Aufgaben, Werttreiberanalysen*, Deutscher Universitäts-Verlag, Wiesbaden 2007, S. 177

[97] Hierbei gelten strenge Datenschutzrichtlinien, die eingehalten werden müssen. Ohne Einwilligung des Betroffenen ist die Erstellung von Kundenprofilen unzulässig, vgl. Hippner, H.; Wilde, K.: IT-Systeme im CRM. *Aufbau und Potenziale*, Gabler Verlag, Wiesbaden 2004, S. 428

[98] vgl. Kracklauer, A.; Mills, D.; Seifert, D.: Customer Management as the Origin of Collaborative Customer Relationship Management in: Kracklauer, A.; Mills, D.; Seifert, D.: Collaborative Customer Relationship Management, *Taking CRM to the Next Level*, Springer Verlag, Berlin/Heidelberg/New York 2004, S. 6

Dieses Wissen über den Kunden ermöglicht eine Einteilung in Kundensegmente, die anschließend auf deren Kundenwert untersucht werden können. Der Vorteil für das Anbieterunternehmen liegt darin, dass sich Rückschlüsse in Bezug auf Unterschiede und Übereinstimmungen profitabler Kundengruppen ziehen lassen. So besteht bspw. die Möglichkeit durch eine Segmentierung auf Produktebene einzelne Produkte weiterzuentwickeln oder unprofitable Produkte aus dem Portfolio zu entfernen, um so den ökonomischen Erfolg des Unternehmens zu steigern.[99]

Zusammenfassend lässt sich sagen, dass CRM-Systeme ein wichtiges Instrument zur Kundenwertbetrachtung und -berechnung sind. Durch die zentrale Datenbank eines unternehmensweiten CRM-Systems bildet sich in der täglichen Anwendung eine Informationsbasis mit allen Kundenstamm und -bewegungsdaten. Die Ableitungen aus diesen Kundendaten erlauben eine wertorientierte und somit fortschrittliche Unternehmenssteuerung. In Folge dessen wird das Kundenwertmanagement, *Customer Value Management*, als eine Erweiterung des Customer Relationship Management-Ansatzes gesehen.[100]

CRM-Systeme bieten außerdem den Vorteil die Erkenntnisse der Kundenwertbestimmung in geeignete Maßnahmen umzusetzen: Durch kundenindividuelle Marketing- und Vertriebsstrategien lassen sich Kunden entsprechend ihres Kundenwertes steuern. So gilt die Denkweise heute als legitim profitable Kunden besser zu behandeln. Bei unprofitablen Kunden wird eine wertorientierte Steuerung von Kundenbeziehungen empfohlen[101], das heißt die Untersuchung und Ableitung von geeigneten Strategien, um diese in profitable Kundenbeziehungen zu

---

[99] Belz/Bieger sprechen von einem „Rationalisierungspotenzial" und konstatieren, dass „kundenorientiert vorzugehen... nicht nur [bedeutet] mehr Produkte und Service zu erbringen, [sondern] die richtigen Leistungen für die richtigen Kunden einzusetzen und Ballast abzuwerfen.", Belz, C.; Bieger, T.: Customer-Value: *Kundenvorteile schaffen Unternehmensvorteile*, Thexis Verlag, St. Gallen/Frankfurt 2004, S. 76

[100] vgl. Winkelmann, P.; Naujoks, F.: E-Statementrunde: *Kundenwert - quo vadis?*, 10/2005, S. 2, Quelle: www.competence-site.de/downloads/96/26/i_file_27525/CS_Statementrunde102005_Naujoks.pdf [04.11.2009]

[101] vgl. Hippner, H.; Wilde, K.: Grundlagen des CRM - *Konzepte und Gestaltung*, in: Hippner, H.; Wilde, K.: Grundlagen des CRM, 2. Auflage, Gabler Verlag, Wiesbaden 2006, S. 24

wandeln. Das Kundenzufriedenheits-/Kundenwertportfolio verdeutlicht die Maßnahmen in Abhängigkeit des Kundenwertes einer Geschäftsbeziehung (siehe Abbildung 13).

Abbildung 13: Kundenzufriedenheits-/Kundenwertportfolio
Quelle: Eigene Darstellung

Eine weitere Entwicklung lässt sich, hervorgerufen durch steigenden Kostendruck und sinkende Margen, erkennen, nämlich die anbieterseitige Kündigung der Geschäftsbeziehung, da diese aus betriebswirtschaftlicher Sicht zu besseren Ergebnissen führt.[102] In der Literatur wird die Trennung von unrentablen Kunden (teilweise) als „Voraussetzung für zukünftigen Vertriebserfolg“[103] aufgeführt. „Natürlich ist es auch weiterhin notwendig, bestehende Kunden zu halten – schon wegen der sprunghaft steigenden Kosten der Neukundenakquise... Manche Unternehmen profitieren jedoch von neuen Methoden und Techniken der Kundensegmentierung. Mit deren Hilfe können sie sich leichter auf die Bindung der richtigen Kunden konzent-

---

[102] vgl. Winkelmann, P.; Naujoks, F.: E-Statementrunde: *Kundenwert - quo vadis?*, 10/2005, S. 2, Quelle: www.competence-site.de/downloads/96/26/i_file_27525/CS_Statementrunde102005_Naujoks.pdf [04.11.2009]

[103] Biesel, H.: Vertriebsarbeit leicht gemacht: *Die besten Strategiewerkzeuge, Checklisten und Lösungsmuster*, Gabler Verlag, Wiesbaden 2006, S. 42

rieren."[104] Bezogen auf den gesamten Kundenstamm (Customer Equity), zeigt die Abbildung 14, zum einen die Konzentration auf profitable Kunden und deren angestrebte maximale Ausschöpfung, und zum anderen die geeigneten Maßnahmen bei unprofitablen Kunden: Entweder die Wandlung hin zu einem positiven Kundenwert oder eine gezielte Reduktion des betroffenen Kundenstamms.[105]

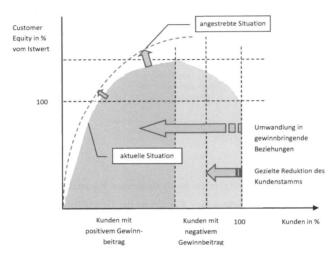

Abbildung 14: Konzentration auf profitable Kundengruppen
Quelle: Eigene Darstellung in Anlehnung an Hippner, H.; Wilde, K.: Grundlagen des CRM - Konzepte und Gestaltung, in: Hippner, H.; Wilde, K.: Grundlagen des CRM, 2. Auflage, Gabler Verlag, Wiesbaden 2006, S. 25

Eine Automatisierung der Kundenwertbestimmung im CRM-System wäre ein Idealzustand für die Verwendung der Ergebnisse in der täglichen Arbeit.[106] Dennoch – trotz der genannten

---

[104] Mittal, V.; Sarkees, M.; Murshed, F.: Vertrieb: *Mit unrentablen Kunden richtig umgehen*, in: Harvard Business Manager, 10/2008, S. 58; auf eine Wertung hinsichtlich der ethischen Betrachtung dieser wertbasierenden Kundendifferenzierung wird im Rahmen dieser Arbeit verzichtet; weiterführende Literatur: Claus, C.: Wertorientiertes Kundenmanagement, VDM Verlag Dr. Müller, Saarbrücken 2007

[105] vgl. Haenlein, M; Kaplan, A; Schoder, D.: Valuing the Real Option of Abandoning Unprofitable Customers When Calculating Customer Lifetime Value, in Journal of Marketing, Vol. 70 (Juli 2006), S. 5-20

[106] vgl. Winkelmann, P.; Naujoks, F.: E-Statementrunde: *Kundenwert - quo vadis?*, 10/2005, S. 2, Quelle: www.competence-site.de/downloads/96/26/i_file_27525/CS_Statementrunde102005_Naujoks.pdf [04.11.2009]

Vorteile – wird eine ganzheitliche Kundenwertbetrachtung in der Unternehmenspraxis kaum angewendet. Dies liegt zum einen daran, dass bisher nur wenige praxistaugliche Methoden zur Messung vorhanden sind, zum anderen an der Tatsache, dass die Daten nicht in der erforderlichen Qualität im CRM-System vorliegen. Der nachfolgende Abschnitt zeigt die Herausforderungen für die Kundenwertbetrachtung innerhalb eines CRM-Systems auf.

2.4   Herausforderungen bei der Bestimmung des Kundenwertes in der Unternehmenspraxis

Dieser Teil des Kapitels stellt heraus, welche Herausforderungen die moderne Kundenwertbetrachtung mit sich bringt, um daraus ein aussagekräftigen Kundenwert zu bilden. Die Herausforderung bei der Bestimmung eines solchen liegt vorrangig in der Anzahl der notwendigen Variablen und deren Bestimmung. Vor allem eine mangelhafte Datenverfügbarkeit und -qualität, sowie die Erfassung und Pflege der benötigten Informationen erschweren die Bestimmung. So konstatiert Schwetz, das viele Unternehmen, vor allem im Mittelstand, CRM noch nicht oder nicht vollständig verinnerlicht haben und weist darauf hin, dass hier zunächst der Fokus auf die Schaffung der Grundvoraussetzungen für CRM zu machen sei. Daher gilt es – abgesehen von der Verinnerlichung des CRMs als Strategie – für eine Erhöhung der Datenqualität, „die Beseitigung der noch in vielen Unternehmen vorherrschenden Zettelwirtschaft [sowie] die Integration der verschiedenen Insellösungen und die Neugestaltung der Geschäftsprozesse [zu sorgen].“[107]

Ausgehend von einer zentralen Datenbasis wird der Kundenwert anhand des Bewertungsobjektes, den Bestimmungsfaktoren und dem zugrunde liegenden Zeitbezug bestimmt. Um das Ziel einer idealen, ganzheitlichen Kundenwertbetrachtung zu erfüllen sind folgende Kriterien erforderlich:

Das *Bewertungsobjekt* und somit das Aggregationsniveau der Kundenwertbestimmung muss auf den einzelnen Kunden erfolgen bzw. auf ein bestimmtes Kundensegment. Dies ist die

---

[107] Winkelmann, P.; Schwetz, W.: E-Statementrunde: *Kundenwert - quo vadis?*, 10/2005, S. 2, Quelle: www.competence-site.de/downloads/59/e3/i_file_27528/cs_statementrunde2005_schwetz.pdf [04.11.2009]

Voraussetzung für eine individuelle und bedürfnisgerechte Behandlung der Kunden, gemäß des Customer Relationship- bzw. des Customer Value Management-Ansatzes.

Die *Bestimmungsfaktoren* einer ganzheitlichen Kundenwertbetrachtung erfordern sowohl quantitative, monetäre Ein- und Auszahlungsströme, als auch qualitative Komponenten, damit die Kundenbeziehung einen realistischeren Wert der Anbieter-Kunden-Beziehung widerspiegelt. Dadurch bedingt ist ein multidimensionaler Ansatz erforderlich.

Der gewählte *Zeitbezug* der Kundenwertbetrachtung sollte nicht rein vergangenheitsorientiert gewählt sein, um das Potential einer Kundenbeziehung zu berücksichtigen.

Die genaue Ermittlung des Kundenwertes verlangt daher nach einer verursachungsgerechte Zuordnung der Einnahmen und Ausgaben der einzelnen Kunden bzw. Kundensegmente. Des Weiteren ist eine kontinuierliche Erfassung und Aktualisierung sämtlicher aus einer Geschäftsbeziehung resultierender monetärer und nicht-monetärer Faktoren notwendig. Wichtig ist ebenfalls das Wissen über das Potential einer Geschäftsbeziehung und die Einschätzung der Kundenlebensdauer, so dass eine zukunftsorientierte Sichtweise berücksichtigt werden kann.[108] Die nachfolgenden Abschnitte nennen die Herausforderungen zur Ermittlung dieser Bestimmungskriterien für die Kundenwertbestimmung in der Unternehmenspraxis.

Die Quantifizierung der Kundenaktivitäten als Aufwendung zur Gegenüberstellung der kundenbezogenen Erträge

Für das CRM-System mit der zugrunde liegenden Datenbank gilt als Grundvoraussetzung, dass es keine weiteren Systeme zur Kundenkommunikation verwendet werden. Für eine kundenbezogene Auswertung sind vor allem die Bewegungsdaten innerhalb des CRM-Systems von hoher Bedeutung, da diese die Kundenhistorie mit allen Kundengewinnungs- und Betreuungsaktivitäten darstellen. Die zu diesen Aktivitäten anfallenden Kosten lassen sich unterteilen in: Anbahnungskosten (Suche möglicher Partner), Vereinbarungskosten (Vertragsformulierung), Kontrollkosten (Kontrolle von Terminen, Preisen oder Qualitäten),

---

[108] vgl. Stahl, H.; Matzler, K.; Hinterhuber, H.: Kundenbewertung und Shareholder Value - *Versuch einer Synthese*, in: Günter, B.; Helm, S. [Hrsg.]: Kundenwert. *Grundlagen - Innovative Konzepte - Praktische Umsetzungen*, 3. Auflage, Gabler Verlag, Wiesbaden 2006, S. 430

Anpassungskosten (Durchsetzung von Termin-, Preis-, Qualitätsänderungen). Darüber hinaus entstehen Kosten innerhalb des Unternehmens durch Interaktion der Mitarbeiter untereinander, bspw. in Form von Abstimmungsfragen. Diese externen und internen *Transaktionskosten*[109] entstehen über den gesamten Kundenlebenszyklus hinweg. Aus der Anbieterperspektive betrachtet, ist somit der Kunde als besonders wertvoll zu erachten, der im Vergleich zu anderen geringere Transaktionskosten verursacht.[110]

In der Unternehmenspraxis ist eine genau Zuordnung der entstehenden Kosten nahezu unmöglich[111] – es besteht ein grundlegendes Problem der verursachergerechten Zuweisung von Kosten, da bspw. nicht jede Marketingaktionen und die damit verbunden Kosten exakte auf einen Kunden geschlüsselt werden können, genauso wird nicht jedes stattgefundene Kundentelefonat berechnet. Damit jedoch eine Bewertung stattfinden kann, können die verschiedenen Kundenaktivitäten, die im CRM-System als Teil der Kundenhistorie erfasst werden, mit einem Kostenfaktor versehen werden. Dieses Hilfskonstrukt ermöglicht eine monetäre Quantifizierung der pro Kunde angefallenen Aufwendungen. Gleichzeit bildet diese Bewertung der Kundenaktivitäten jedoch eine maßgebliche Herausforderung bei der Kundenwertbestimmung: Damit diese Bewertung stattfinden kann müssen die Aktivitäten im CRM-System vollständig erfasst und pro Kunde hinterlegt werden. Das Ziel des Transaktionskostenansatzes ist es, die ermittelten und monetär-quantifizierten Aufwendungen den kundenorientierten Erträgen gegenüberzustellen, um so sehr genau die Kosten pro Kunde zuweisen zu können.

---

[109] Die *Transaktion* beschreibt die Übertragung von Verfügungsrechten zwischen Wirtschaftssubjekten, die den Vertragsparteien Nutzen stiften soll, aber auch *Kosten* verursacht, d.h. sämtliche Kosten, die im Zusammenhang mit einem Geschäftsabschluss anfallen, vgl. Helm, S.: Der Wert von Kundenbeziehungen aus der Perspektive des Transaktionskostenansatzes, in: Günter, B.; Helm, S. [Hrsg.]: Kundenwert. *Grundlagen - Innovative Konzepte - Praktische Umsetzungen*, 3. Auflage, Gabler Verlag, Wiesbaden 2006, S. 108 ff.

[110] vgl. Günter, B.; Helm, S. [Hrsg.]: Kundenwert. *Grundlagen - Innovative Konzepte - Praktische Umsetzungen*, 3. Auflage, Gabler Verlag, Wiesbaden 2006, S. 110

[111] vgl. Stahl, H.; Matzler, K.; Hinterhuber, H.: Kundenbewertung und Shareholder Value - *Versuch einer Synthese*, in: Günter, B.; Helm, S. [Hrsg.]: Kundenwert. *Grundlagen - Innovative Konzepte - Praktische Umsetzungen*, 3. Auflage, Gabler Verlag, Wiesbaden 2006, S. 428

Die Nutzung des Wissens über den Kunden zur Kundenwertbestimmung

Die vollständige Erfassung von Kundenaktivitäten ist ein wichtiger Bestandteil der Kundenbewertung. Dieser Schritt erfordert die Unterstützung aller Mitarbeiter. Diese haben die
Aufgabe alle direkten, aber auch indirekten kundenbezogenen Aktivitäten und somit alle
relevanten Daten zu erfassen und im CRM-System bereit zu stellen. Zu den wichtigsten
Funktionen gehören die Pflege der Kundenstammdaten, die Erfassung von Bewegungsdaten
und die Response-Erfassung (siehe dazu Abbildung 15).[112]

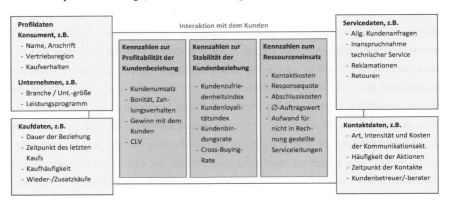

Abbildung 15: Relevante Informationen zur Kundenbeziehung
Quelle: Eigene Darstellung in Anlehnung an Homburg, C.; Sieben, F.: Customer Relationship Management (CRM) – Strategische Ausrich-
tung statt IT-getriebener Aktivismus, in: Bruhn, M.; Homburg, C.: Handbuch Kundenbindungsmanagement, 6. Auflage, Gabler Verlag,
Wiesbaden 2008, S. 504

Die „Response" steht für die Erfassung von etwaigen Rückmeldungen von Kunden auf Mar-
keting-Kampagnen oder persönlichen Gesprächen (Informationspotential), in denen Kenntnis-
se, wie die Aussprache von Weiterempfehlungen (Weiterempfehlungspotential),
Verbesserungen oder kritische Äußerungen zu Produkten und Dienstleistungen (Innovationspotential) oder das Erlangen von Informationen bezüglich der Zufriedenheit, in Erfahrung

---

[112] vgl. Müller, P.; Brandl, S.; Passarge, C.: Ungenutzte Potentiale der Kundenbindung durch geplante, bewertete
und gesteuerte After Sales Services heben, in: Keuper, F.; Hogenschurz, B.: Sales & Service: *Management,
Marketing, Promotion und Performance*, Gabler Verlag, Wiesbaden 2008, S. 317

gebracht wurden. Die Eingabe dieser Response ermöglicht den Einbezug qualitativer Faktoren und begegnet den Herausforderungen einer ganzheitlichen Kundenwertberechnung.[113]

Die Bewertung einzelner Kundenbeziehungen erfolgt jedoch häufig unsystematisch, unregelmäßig und methodisch anspruchslos.[114] Die Erfassung der Aktivitäten durch die Mitarbeiter gilt es zu steuern, damit möglichst viele Informationen in das CRM-System überführt und als aktives Wissen über den Kunden verwandelt werden[115]. Eine standardisierte und intuitive Datenerfassung bei gleichzeitigem Einbeziehen aller Mitarbeiter des Anbieter-Unternehmens mit Kundenkontakt, ermöglicht eine hohe Quantität und Qualität des Kundenwissens – und das nicht nur auf Key-Account-Ebene, in der jeder Kunde einen eigenen Kundenbetreuer zugeordnet wird –, sondern in Bezug auf den gesamten Kundenstamm. Des Weiteren muss das CRM-System eine einfache Datenerfassung ermöglichen, damit die Mitarbeiter zur kontinuierlichen Aufnahme relevanter Kundeninformationen bereit sind und die Erlangung qualitativer Informationen erreicht wird.[116] Dabei unterstützen einfache Eingabemasken eine möglichst objektive Erfassung der Daten. Diese wiederum sind im Rahmen der Kundenwertermittlung auswertbar.

Wichtig für die Kundenwertbestimmung ist folglich eine hohe Kundennähe, damit der Anbieter die Beziehung einschätzen und gezielt für eine Erhöhung des Kundenwertes sorgen kann. Die Bereitschaft der Mitarbeiter ihr Wissen in das CRM-System zu überführen wird dabei vorausgesetzt.

---

[113] vgl. Rudolf-Sipötz, E.; Tomczak, T.: Kundenwert in Forschung und Praxis, Thexis Verlag, Fachbericht für Marketing, St. Gallen 2001/2002, S. 61

[114] vgl. Günter, B.; Helm, S.: Kundenwert. *Grundlagen - Innovative Konzepte - Praktische Umsetzungen*, 3. Auflage, Gabler Verlag, Wiesbaden 2006, S. 5

[115] vgl. Kuhl, M.; Stöber, O.: Data Warehousing und Customer Relationship Management als Grundlage des wertorientierten Kundenmanagements, in: Günter, B.; Helm, S.: Kundenwert. *Grundlagen - Innovative Konzepte - Praktische Umsetzungen*, 3. Auflage, Gabler Verlag, Wiesbaden 2006, S.533

[116] vgl. Homburg, C.; Sieben, F.: CRM - *Strategische Ausrichtung statt IT-getriebener Aktivismus*, in: Bruhn, M.; Homburg, C.: Handbuch Kundenbindungsmanagement, 6. Auflage, Gabler Verlag, Wiesbaden 2008, S. 504

Die Prognose der Zeitdimension der Geschäftsbeziehung

Soll der Kundenwert das zukünftig zu erwartende Potential einer Geschäftsbeziehung und somit die Entwicklungsmöglichkeiten eines Kunden einbeziehen, sind dynamische Berechnungen den statischen überlegen.[117] Diese verlangen jedoch nach einer Prognose der Kundenlebensdauer, die nicht zuverlässig zu ermitteln ist. Zudem eruieren nur wenige Unternehmen die Dauer ihrer Geschäftsbeziehungen, um daraus bessere Schätzungen abzuleiten.[118]

Die Bestimmung des Zeitbezuges der Kundenwertbetrachtung ist eine besondere Herausforderung, da diese nicht vorhersehbar ist und nur schwer zu kalkulieren. Vor allem die Vielzahl unbekannter Größen führt zu Schwierigkeiten bei der Ermittlung, da die Kundenlebenszeit einerseits vom Kundenverhalten und von den Umfeldbedingungen, aber gleichermaßen von Entscheidungen des Anbieters abhängig ist. Das Kundenverhalten lässt sich durch den Anbieter nur bedingt einschätzen, da selbst die Kundenzufriedenheit alleine in vielen Fällen noch keine sichere Kundenbindung schafft[119], da es je nach Kunde immer wieder zu einem Wunsch nach Abwechslung („Variety Seeking") kommen kann.

Umso wichtiger ist ein kundenorientiertes Verhältnis zum Kunden durch den Anbieter bzw. durch die Mitarbeiter des Anbieter-Unternehmens. Dies schafft die Voraussetzung für eine kooperative und gleichzeitig informative Zusammenarbeit. Die Ausrichtung an den Bedürfnissen und Wünschen jedes einzelnen Kunden – und nicht an durchschnittlichen Kundener-

---

[117] vgl. Helm, S.; Günter, B.: Kundenwert - *eine Einführung in die theoretischen und praktischen Herausforderungen der Bewertung von Kundenbeziehungen*, in: Günter, B.; Helm, S.: Kundenwert. *Grundlagen - Innovative Konzepte - Praktische Umsetzungen*, 3. Auflage, Gabler Verlag, Wiesbaden 2006, S.9

[118] Anfang 2000 führte das Institut für Marketing und Handel eine Befragung zum Thema „Kundenwert" durch. Als Grundgesamtheit dienten die 2000 Top-Unternehmen der Schweiz. In dieser Umfrage gaben nur 23 Prozent der Unternehmen an, die Dauer der Geschäftsbeziehung regelmäßig zu erheben.

[119] vgl. Meyer, A.; Kantsperger, R.; Schaffer, M.: Die Kundenbeziehung als ein zentraler Unternehmenswert - *Kundenorientierung als Werttreiber der Kundenbeziehung*, in: Günter, B.; Helm, S. [Hrsg.]: Kundenwert. *Grundlagen - Innovative Konzepte - Praktische Umsetzungen*, 3. Auflage, Gabler Verlag, Wiesbaden 2006, S. 67

wartungen – fördert die Kundennähe und erhöht nicht nur die Kundenzufriedenheit, sondern auch das Wissen über den Kunden und dessen Lebensdauer.[120]

Doch selbst die Kundennähe und das daraus resultierende Wissen liefern keinen konkreten Wert, der für die Verwendung innerhalb einer Berechnungsmethode geeignet ist. Eine rechnerische Herangehensweise erfordert eine auswertbare CRM-Datenbasis, die Auskunft über langjährige Geschäftsbeziehungen gibt. Doch selbst wenn die Möglichkeit der Berechnung besteht, wird meist auf pragmatische Ansätze verwiesen, um die Lebenszeit zu schätzen.[121]

Ein pragmatischer Ansatz der in der Praxis teilweise Anwendung findet, ist die Ermittlung der Kundenlebenszeit mit Hilfe einer Bewegungsbilanz, d.h. über die Entwicklung des Kundenbestandes im Zeitverlauf. Dabei wird der Anfangsbestand der Kunden zu Jahresbeginn im Verhältnis zu den dazugewonnenen bzw. verlorenen Kunden am Ende eines Jahres bestimmt. Aus dieser Betrachtung kann die Abwanderungsquote („Churn rate") errechnet werden, als „1 – (Kundenbestand $_{Jahresende}$ / Kundenbestand $_{Jahresanfang}$)".[122] Doch auch dieser Wert weist nachhaltige Defizite auf, da er abhängig ist von schwankenden Abwanderungsquoten sowie variierender Neukundenzahlen.[123] Auf Grund dessen gilt eine pragmatische Berechnung bzw. Abschätzung der Lebenszeit auf einer individuellen Kundenebene als ungenau und risikobehaftet, um diese für ein Berechnungsmodell zu verwenden. Die Bestimmung der Kundenlebenszeit kann deshalb nur – sofern durch das Anbieter-Unternehmen angeboten – mittels Laufzeiten vertraglicher Bindungen durchgeführt werden und dann ggf. nur auf eine Teilmenge des Kundenbestandes angewendet werden.

---

[120] vgl. Salmen, S.: Electronic Customer Care, *der überlegene Weg zur E-Loyality*, in: Salmen, S.; Gröschel, M. [Hrsg.]: Handbuch Customer Care. *Der Weg zur digitalen Kundennähe*, Physica Verlag, Heidelberg 2004, S. 126

[121] vgl. Krafft, M.; Rutsatz, U.: Konzepte zur Messung des ökonomischen Kundenwertes, in: Günter, B.; Helm, S. [Hrsg.]: Kundenwert. *Grundlagen - Innovative Konzepte - Praktische Umsetzungen*, 3. Auflage, Gabler Verlag, Wiesbaden 2006, S. 273

[122] vgl. Reichheld, F.: Der Loyalitätseffekt. *Die verborgene Kraft hinter Wachstum, Gewinn und Unternehmenswert*, Campus Fachbuch, Frankfurt/New York 1997, S. 268 f.

[123] vgl. Krafft, M.; Rutsatz, U.: Konzepte zur Messung des ökonomischen Kundenwertes, in: Günter, B.; Helm, S. [Hrsg.]: Kundenwert. *Grundlagen - Innovative Konzepte - Praktische Umsetzungen*, 3. Auflage, Gabler Verlag, Wiesbaden 2006, S. 275

Nachdem CRM als Führungsaufgabe und das CRM-System als Informationsquelle zur Kundenwertbetrachtung, erläutert wurde, beschreibt das nächste Kapitel die Modelle und Methoden gängiger Kundenwertbetrachtungen und die darin enthaltenen Bestimmungsfaktoren.

3 Modelle und Methoden zur Kundenbewertung

"You can't manage what you can't measure."

Der Wert eines Kunden setzt sich aus mehreren Komponenten zusammen. Dazu gehören quantitative (monetär) und qualitative (monetarisierbare) Einflussfaktoren.[124] Es existieren bereits eine Vielzahl – vor allem theoretischer – Modelle und Methoden, die Unternehmen helfen sollen ihre Kunden zu bewerten. Die existierenden Verfahren lassen sich nach unterschiedlichen Kriterien einordnen. Die Abbildung 16 zeigt Modelle und Methoden der Kundenbewertungsbestimmung nach Zeitbezug, Anzahl und Auswahl der Bestimmungsfaktoren.

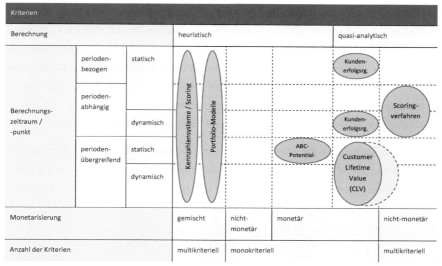

Abbildung 16: Typologisierung der Kundenbewertungsverfahren aus Anbietersicht
Quelle: Eigene Darstellung in Anlehnung an Eberling, G.: Kundenwertmanagement - Konzept zur wertorientierten Analyse und Gestaltung von Kundenbeziehungen, Gabler Verlag, Wiesbaden 2002, S.165

Je nach Anzahl der Bestimmungsfaktoren wird von mono- bzw. multikriteriellen Bewertungsverfahren gesprochen. Die erst genannte Dimension umfasst dabei lediglich einen einzelnen Bestimmungsfaktor, während multikriterielle Verfahren mehrere Bestimmungs-

---

[124] siehe dazu: Kapitel 1.3

faktoren zur Bewertung einbeziehen. Je nach Lösungsansatz kommt ein weiteres Entscheidungskriterium hinzu:[125] Die *heuristische Analyse* verwendet grobe Richtwerte zur Beurteilung des Wertes eines Kunden für das Unternehmen, ohne eine mathematisch-statistische
Optimierung vornehmen zu können. Das Ergebnis ist somit eine Näherungslösung, aber kein
Optimum und dient vielmehr der Herleitung von Lösungswegen.

Die *quasi-analytische* Analyse bedient sich einer mathematischen Berechnung, deren Ergebnis einen eindeutigen Wert generiert und dadurch zu einem (theoretischen) Optimum führt.[126]

Das Ziel ausschließlich profitable Kundenbeziehungen auszubauen und diese an das Unternehmen zu binden, führt zu einer großen Anzahl verschiedener Kundenbewertungsmodelle.[127]
In dieser Arbeit wird nach „traditionellen" und „modernen" Modellen und Methoden unterschieden.[128] So gelten alle Verfahren – oder eine Kombination der vorhandenen Verfahren –,
die qualitative Merkmale berücksichtigen als *moderne* Arten der Kundenwertbestimmung, da
diese, wie im Kapitel 1.3 beschrieben, den ganzheitlichen, kundenorientierten CRM-Ansatz
realistischer abbilden. Einige *traditionelle* Arten der Kundenwertbestimmung, also ohne die
Einbindung qualitativer Bestimmungsfaktoren, werden vorgestellt, da diese oftmals als
Grundlagen dienen oder ein Bestandteil moderner Kundenbewertungsmodelle sind.

Es werden nachfolgend die Bewertungsverfahren vorgestellt, welche in der Literatur eine
angemessene Beachtung finden, ein ausreichendes Potential für die Anwendung in der Unternehmenspraxis aufweisen und daher auch in der Befragung berücksichtigt wurden. Die Eintei-

---

[125] vgl. Bruhn, M.: Das Zufriedenheitskonzept, in: Herrmann, A. et al. [Hrsg.]: Kundenorientierte Produktgestaltung
- *Ziele und Aufgaben*, München 2000, S. 121-141

[126] vgl. Bruhn, M.: Das Konzept der kundenorientierten Unternehmensführung, in: Hinterhuber, H.; Matzler, K.
[Hrsg.]: Kundenorientierte Unternehmensführung. *Kundenorientierung - Kundenzufriedenheit - Kundenbindung*,
6. Auflage, Gabler Verlag, Wiesbaden 2009, S. 59

[127] vgl. Günter, B.: Kundenwert - *mehr als nur Erlös*, in: Günter, B.; Helm, S. [Hrsg.]: Kundenwert. *Grundlagen -
Innovative Konzepte - Praktische Umsetzungen*, 3. Auflage, Gabler Verlag, Wiesbaden 2006, S. 245 ff.

[128] vgl. Cornelsen, J.: Kundenwertanalysen im Beziehungsmarketing - *Theoretische Grundlagen und Ergebnisse
einer empirischen Studie im Automobilbereich*, GIM - Gesellschaft für Innovatives Marketing, Nürnberg 2000,
S. 145 ff.

lung der betrachteten Modelle und Methoden zur Kundenwertbestimmung wird in Abbildung 17 veranschaulicht:

Abbildung 17: Einteilung der betrachteten Modelle und Methoden zur Kundenwertbestimmung
Quelle: Eigene Darstellung

Vorab erfolgt eine Vorstellung der qualitativen und quantitativen Bestimmungsfaktoren. Anschließend wird näher auf die Verfahren der Kundenwertbestimmung eingegangen.

3.1 Quantitative Bestimmungsfaktoren zur Bewertung der Kundenbeziehung

Die quantitativen Bestimmungsgrößen bemessen im Allgemeinen den monetären Beitrag eines Kunden am Unternehmenserfolg. Dabei sind umsatzbezogene Größen die am weitesten verbreiteten Kennzahlen zur Messung des Kundenwertes.[129] Verglichen mit Deckungsbeiträgen, gilt der Kundenumsatz als problematisch, da der Aussagegehalt kritisch anzusehen ist, denn zwischen dem Umsatz und der Profitabilität einzelner Kundenbeziehungen muss nicht zwingend eine lineare Beziehung bestehen. So kann ein Kunde mit hohem Umsatz, gleichzei-

---

[129] vgl. Homburg, C.; Schnurr, P.: Was ist Kundenwert?, Arbeitspapier Nr. 41 des Instituts für Marktorientierte Unternehmensführung der Universität Mannheim, Mannheim 1999, S. 2; zusätzlich belegt eine Studie, dass 55 Prozent der Stammkunden nach Umsatz eingeordnet und bewertet werden, vgl. Rudolf-Sipötz, E.: Kundenwert: *Konzeption - Determinanten - Management*, Thexis Verlag, St. Gallen 2001, S. 96; ebenso Kapitel 4.3

tig hohe Kosten verursachen und ist damit für den Anbieter nicht profitabel. Deckungsbeiträge bilden somit die zu bevorzugende quantitative Kennzahl des Kundenwertes.[130]

Die Kostenzuordnung wird in der Regel auf Vollkosten- oder Teilkostenbasis vorgenommen.[131] Im Rahmen eines *Teilkostenansatzes* werden dem Kunden die direkt zuordenbaren Einzelkosten zugerechnet. Diese Einzelkosten werden vom Kundenerlös subtrahiert und ergeben den Kundendeckungsbeitrag. Beim *Vollkostenansatz* werden alle Kosten auf den Kunden verteilt: Dabei werden die Einzelkosten (z.B. Kosten der Kunden-, Auftrags- und Produktebene) direkt und die Gemeinkosten (z.B. Organisations- und Marktsegmentebene) über Aufschlüsselung indirekt mit dem Kunden verrechnet. Dieses Verfahren erweist sich für die Kundenwertberechnung als nachteilig, da die Verteilung der Gemeinkosten einer gewissen Willkür unterworfen und nicht kundenspezifisch ist.[132] Die traditionelle Vollkostenrechnung verstößt somit gegen das Verursachungsprinzip. Auf Grund dieses Problems wird die Vollkostenrechnung im Rahmen dieser Arbeit nicht weiter betrachtet.[133] Die *Prozesskostenrechnung* (PKR) stellt einen weiteren Ansatz der Kostenermittlung dar und sorgt für eine verursachungsgerechte Zuordnung der Gemeinkosten. Deshalb wird im nachfolgend genauer auf die Kundendeckungsbeitragsrechnung und die Prozesskostenrechnung eingegangen.

Kundendeckungsbeitragsrechnung

Die Kundendeckungsbeitragsrechnung ist ein kostenrechnerischer Ansatz zur Kundenbewertung. Auf Grund der Tatsache, dass nicht alle Kunden die gleichen Kosten im Unternehmen verursachen, erfolgt eine verursachungsgerechte Zuordnung von Erlösen und Kosten zu

---

[130] vgl. Homburg, C.; Schnurr, P.: Was ist Kundenwert?, Arbeitspapier Nr. 41 des Instituts für Marktorientierte Unternehmensführung der Universität Mannheim, Mannheim 1999, S. 4

[131] vgl. Homburg, C.; Sieben, F.: CRM - *Strategische Ausrichtung statt IT-getriebener Aktivismus*, in: Bruhn, M.; Homburg, C.: Handbuch Kundenbindungsmanagement, 6. Auflage, Gabler Verlag, Wiesbaden 2008, S. 509

[132] vgl. Homburg, C.; Daum, D.: Marktorientiertes Kostenmanagement - *Kosteneffizienz und Kundennähe verbinden*, Verlag der Frankfurter Allgemeinen Zeitung, Frankfurt 1997, S. 84

[133] Ausgenommen ist die PKR, da diese auch zur Vollkostenrechnung zählt; siehe fortlaufendes Kapitel.

einzelnen Kunden oder Kundengruppen.[134] Dies erlaubt eine genauere Berechnung eines monetären Wertes einer Kundenbeziehung, da den Umsatzerlösen die Kosten gegenüberge-stellt werden, die genau von dieser Kundenbeziehung verursacht wurden.[135] Dadurch stellt der Kundendeckungsbeitrag gegenüber dem Kundenumsatz die entscheidungsrelevantere Kenn-zahl dar.[136]

Die Ermittlung des Kundendeckungsbeitrages

Die verursachten Einzelkosten eines Kunden können direkt nach der beanspruchten Anzahl an Bezugsgrößeneinheiten zugeordnet werden; eine Verrechnung der Gemeinkosten ist aber nicht ohne weiteres möglich.[137] Doch insbesondere bei Dienstleistungsunternehmen machen die Gemeinkosten einen stetig wachsenden Anteil der Gesamtkosten aus.[138] Die Verbindung der klassischen produktorientierten Kostenrechnung (Produkte als Bezugsobjekte) mit dem Ansatz der Kundenerfolgsrechnung (Kunden als Bezugsobjekte) kann die Gemeinkostenprob-lematik erheblich entschärfen.[139]

---

[134] vgl. Cornelsen, J.: Kundenwertanalysen im Beziehungsmarketing - *Theoretische Grundlagen und Ergebnisse einer empirischen Studie im Automobilbereich*, GIM-Verlag, Nürnberg 2000, S. 98

[135] vgl. Stahl, H. et al.: Kundenzufriedenheit und Kundenwert, in: Hinterhuber, H.; Matzler, K. [Hrsg.]: Kundenori-entierte Unternehmensführung. *Kundenorientierung - Kundenzufriedenheit - Kundenbindung*, 5. Auflage, Gabler Verlag, Wiesbaden 2008, S. 255

[136] vgl. Stauss, B.; Friege, C.: Kundenwertorientiertes Rückgewinnungsmanagement, in: Günter, B.; Helm, S. [Hrsg.]: Kundenwert. *Grundlagen - Innovative Konzepte - Praktische Umsetzungen*, 3. Auflage, Gabler Verlag, Wiesbaden 2006, S. 514, ebenso: Homburg, C.; Daum, D.: Marktorientiertes Kostenmanagement. *Kosteneffizi-enz und Kundennähe verbinden*, Frankfurt 1997, Verlag der Frankfurter Allgemeine Zeitung, S. 84

[137] vgl. Lissautzki, M.: Kundenwertorientierte Unternehmenssteuerung - *Voraussetzungen, Aufgaben, Werttreiber-analysen*, Deutscher Universitäts-Verlag, Wiesbaden 2007, S. 177

[138] vgl. Meffert, H.; Bruhn, M.: Dienstleistungsmarketing. *Grundlagen - Konzepte - Methoden*, 3. Auflage, Wiesbaden 2000, S. 17 ff.

[139] vgl. Lissautzki, M.: Kundenwertorientierte Unternehmenssteuerung - *Voraussetzungen, Aufgaben, Werttreiber-analysen*, Deutscher Universitäts-Verlag, Wiesbaden 2007, S. 177

Wie bereits im Kapitel 2.4 beschrieben, erfordert die verursachungsgerechte Zuordnung der Kosten eine sorgfältige Ermittlung aller Ein- und Auszahlungen im Laufe der Kundenbeziehung.[140] Darunter fallen (im optimalen Fall) alle Transaktionskosten[141], die im Laufe des Kundenlebenszyklus entstehen, wie z.B. Kosten bei der Kundenakquise, aber auch fortlaufende Kosten durch Abstimmungen, Termine sowie in Form jeglicher Kundenkorrespondenz. Ein Schema zur Berechnung des Kundendeckungsbeitrags ist in Abbildung 18 dargestellt:

Bezeichnung
Bruttoerlöse zu Listenpreisen
minus kundenbezogene Erlösschmälerungen wie z.B. Rabatte, Skonti, Boni
= Nettoerlöse
minus Herstellkosten als Standard oder Auftragsweise nachkalkuliert
= Kundendeckungsbeitrag I
minus dem Kunden zurechenbare Auftragskosten wie z.B. Mailings, Kataloge
= Kundendeckungsbeitrag II
minus dem Kunden zurechenbare Verkaufskosten wie z.B. Besuche, Abwicklung
minus dem Kunden zurechenbare Service- und Transportkosten
= Kundendeckungsbeitrag III

Abbildung 18: Struktur der Kundendeckungsbeitragsrechnung (Quelle: Stahl 2000)
Quelle: Eigene Darstellung in Anlehnung an Stahl, H.: Modernes Kundenmanagement. Wenn der Kunde im Mittelpunkt steht, 2. Auflage, Expert-Verlag, Praxiswissen Wirtschaft, Band 47, Renningen-Malmsheim 2000

In der Praxis wird vorwiegend der Kundendeckungsbeitrag III verwendet. Dieser zeigt nach Abzug der kundenspezifischen variablen Kosten den Deckungsbeitrag, „der die Besonderheiten der Beziehung zum Kunden als Kostenbelastung ausweist und somit die Kundenprofitabilität anzeigt".[142]

Der Gewinnbeitrag eines Kunden für das Anbieter-Unternehmen wird demnach aus der bisherigen Kaufhistorie bezogen und mit Hilfe des Kundendeckungsbeitrags bestimmt. Vor

---

[140] vgl. Stahl, H.; Matzler, K.; Hinterhuber, H.: Kundenbewertung und Shareholder Value – *Versuch einer Synthese*, in: Günter, B.; Helm, S. [Hrsg.]: Kundenwert. *Grundlagen - Innovative Konzepte - Praktische Umsetzungen*, 3. Auflage, Gabler Verlag, Wiesbaden 2006, S. 432

[141] siehe dazu Kapitel 2.4, S. 43 ff.

[142] Palloks, M.: Kennzahlengestütztes Controlling im kundenwertorientierten Vertriebsmanagement, in: Reinecke, S.; Tomczak, T.: Handbuch Marketing-Controlling, 2. Auflage, Gabler Verlag, Wiesbaden 2006, S. 292

allem bei einem hohen Anteil der Kundengemeinkosten an den Gesamtkosten, empfiehlt sich der Einsatz der Prozesskostenrechnung.[143]

Die kundenorientierte Prozesskostenrechnung

Die kundenorientierte Prozesskostenrechnung ermöglicht die verursachungsgerechte Zuordnung fixer und variabler Gemeinkosten auf den einzelnen Kunden.[144] Die Prozesskostenrechnung ist eine Rechnungsart auf Vollkostenbasis, verteilt jedoch die Gemeinkosten nicht über wertabhängige Bezugsgrößen sondern über Aktivitäten und Prozesse, das heißt der Kunde gilt als Kostenträger und als Bezugsgröße der Gemeinkostenverteilung, indem einzelne kundenbezogene Prozesse (z.B. Besuch, Auftragsbearbeitung, Fakturierung) in kostenverursachende Tätigkeiten aufgegliedert und der entsprechende Kostentreiber (z.B. Anzahl der Besuche) bestimmt werden.[145] Die Durchführung der Kostenzuteilung erfolgt bei der Prozesskostenrechnung im Wesentlichen in vier Schritten:

- Tätigkeitsanalyse
- Bestimmung der Prozessbezugsgrößen
- Ermittlung von Prozesskostensätzen
- Gemeinkostenverrechnung auf die Kostenträger[146]

Bei der *Tätigkeitsanalyse* wird untersucht, welche Prozesse durch die Kostenträger beansprucht werden. Dabei gilt festzustellen, welche Aktivitäten in den Kostenstellen erbracht werden, wobei besonders „Tätigkeiten mit weitgehend formalisiertem, repetitivem und ho-

---

[143] vgl. Reckenfelderbäumer, M.; Welling, M.: Der Beitrag einer relativen Einzel-, Prozesskosten- und Deckungsbeitragsrechnung zur Ermittlung von Kundenwerten, in: Günter, B.; Helm, S. [Hrsg.]: Kundenwert. *Grundlagen - Innovative Konzepte - Praktische Umsetzungen*, 3. Auflage, Gabler Verlag, Wiesbaden 2006, S. 348 ff.

[144] vgl. Cornelsen, J.: Kundenwertanalysen im Beziehungsmarketing - *Theoretische Grundlagen und Ergebnisse einer empirischen Studie im Automobilbereich*, GIM-Verlag, Nürnberg 2000, S. 113 f.

[145] vgl. Stahl, H. et al.: Kundenzufriedenheit und Kundenwert, in: Hinterhuber, H.; Matzler, K. [Hrsg.]: Kundenorientierte Unternehmensführung. *Kundenorientierung - Kundenzufriedenheit - Kundenbindung*, 5. Auflage, Gabler Verlag, Wiesbaden 2008, S. 256

[146] vgl. Kalenberg, F.: Grundlagen der Kostenrechnung. *Eine anwendungsorientierte Einführung*, Oldenbourg Verlag, München/ Wien 2004, S. 299

mogenen Charakter"[147], deren Ergebnisse messbar sind, im Mittelpunkt des Interesses stehen. Dabei erfolgt zunächst eine Ermittlung der Sub-Prozesse, die einen Zusammenschluss von mehreren Aktivitäten darstellen. Der Hauptprozess als höchste Verdichtungsebene beschreibt den unternehmerischen Bereich, der alle vor- und nachgelagerten Subprozesse umfasst. Dies wird in der nachfolgenden Prozesshierarchie schematisch dargestellt.

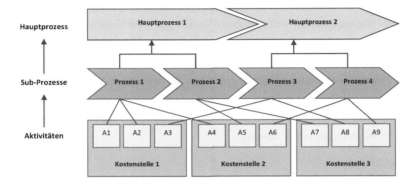

Abbildung 19: Prozesshierarchie
Quelle: Eigene Darstellung in Anlehnung an Braun, S.: Die Prozesskostenrechnung – Ein fortschrittliches Kostenrechnungssystem?, 3. Auflage, Verlag Wissenschaft & Praxis, Berlin 1999, S. 44

Die identifizieren Teilprozesse sind anschließend zu klassifizieren, dabei haben sich die beiden Begriffe leistungsmengeninduziert (lmi) und leistungsmengenneutral (lmn) etabliert.[148] Leistungsmengeninduziert sind Prozesse, für deren Durchführung Kosten entstehen, die in Abhängigkeit von der Ausprägung eines entsprechenden Leistungsvolumens anfallen.[149] Prozesse ohne Kostentreiber werden als leistungsmengenneutrale Prozesse bezeichnet. Diese

[147] Burger, A.: Kostenmanagement, Oldenbourg Verlag, München/Wien 1994, S. 163

[148] vgl. Horvath, P.; Mayer, R.: Prozeßkostenrechnung - *der Weg zu mehr Kostentransparenz und wirkungsvolleren Unternehmungsstrategien*, in: Zeitschrift Controlling, 1. Jg.; o.O. 1989, S. 216

[149] ibidem, S. 217

fallen unabhängig vom zu erbringenden Leistungsvolumen bei der Kostenstelle an und sind für das Entstehen der Gemeinkosten verantwortlich.[150]

Der zweite Schritt dient der *Bestimmung der Prozessbezugsgrößen*, also der Kostentreiber. Dabei ist die Anzahl der Prozessdurchführungen innerhalb der Hauptprozesse zu bestimmen. Die Kostentreiber sollten in Mengengrößen bestimmt werden, damit die Berechenbarkeit verbessert wird.[151]

Im dritten Schritt werden die *Prozesskostensätze* ermittelt. Die Prozesskostensätze werden aus dem Zusammenhang von Prozesskosten, Bezugsgrößen und Prozessmengen erschlossen. Es gibt zwei Arten von Prozesskostensätzen: Bei lmi-Prozessen hängt der Kostensatz für den Prozess von der Prozessmenge ab (siehe Formel 1):

Formel 1:Ermittlung des Prozesskostensatzes
Quelle: Eigene Darstellung in Anlehnung an Kalenberg, F.: Grundlagen der Kostenrechnung, Oldenbourg Verlag, München 2004, S. 302

$$Prozesskostensatz = \frac{Prozesskosten}{Prozessmenge}$$

Die lmn-Prozesse können nicht direkt über Kostentreiber abgerechnet werden, bzw. die Prozessmengen nicht den Kostentreibern zugeordnet werden, daher werden die lmn-Prozesse über einen Umlagesatz den Kostenträgern zugeteilt (siehe Formel 2):[152]

Formel 2:Ermittlung des Umlagesatzes
Quelle: Eigene Darstellung in Anlehnung an Kalenberg, F.: Grundlagen der Kostenrechnung, Oldenbourg Verlag, München 2004, S. 302

$$Umlagesatz = \frac{Prozesskosten\ (lmn)}{Prozessmenge(lmi)} * 100$$

Mit Hilfe des Umlagesatzes werden daraufhin die lmn-Prozesskosten auf die Prozesskostensätze der lmi-Prozesse umgelegt (siehe Formel 3).[153]

---

[150] vgl. Kalenberg, F.: Grundlagen der Kostenrechnung. *Eine anwendungsorientierte Einführung*, Oldenbourg Verlag, München/Wien 2004, S. 301

[151] vgl. Remer, D.: Einführen der Prozesskostenrechnung, 2. Auflage, Schäffer-Poeschel Verlag, Stuttgart 2005, S. 38 ff.

[152] vgl. Kalenberg, F.: Grundlagen der Kostenrechnung. *Eine anwendungsorientierte Einführung*, Oldenbourg Verlag, München/Wien 2004, S. 302

Formel 3:Ermittlung des Umlagesatzes pro Prozess
Quelle: Eigene Darstellung in Anlehnung an Kalenberg, F.: Grundlagen der Kostenrechnung, Oldenbourg Verlag, München 2004, S. 304

$$Umlagesatz\ pro\ Prozess = \frac{Prozesskosten\ (lmn)}{Prozessmenge(lmi)} * Prozesskostensatz$$

Der vierte Schritt der Prozesskostenrechnung bildet die Ermittlung *des Gesamtprozesskosten-satz.* Dies geschieht durch die Addition des Prozesskostensatzes und des anteiligen Umlage-satzes, also des Umlagesatzes je Prozess. Mit Hilfe dieser Formeln können dann die Gemeinkosten Kostenträgern zugeordnet werden.

Zusammenfassend zeigt die Abbildung 20 den Anwendungsbereich der Prozesskostenrech-nung:

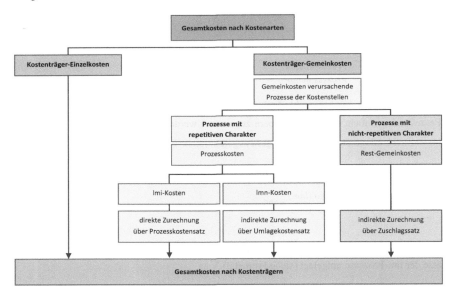

Abbildung 20: Anwendungsbereich der Prozesskostenrechnung
Quelle: Eigene Darstellung in Anlehnung an Beyer, H.: Online Lehrbuch: Prozeßkostenrechnung - Steuerungsprozesse Informationsma-nagement und Controlling, Erlangen 2004, Quelle: www.economics.phil.uni-erlangen.de/bwl/lehrbuch/kap5/przkst/przkst.pdf [07.11.2009]

---

[153] vgl. Gadatsch, A.; Mayer, E.: Masterkurs IT-Controlling: *Grundlagen und Praxis - IT-Kosten und Leistungs-rechnung - Deckungsbeitrags- und Prozesskostenrechnung - Target Costing*, 3. Auflage, Vieweg Verlag, Wiesbaden 2006, S. 418

Die Prozesskostenrechnung führt zu einer verbesserten verursachungsgerechten Verrechnung von internen Leistungen und erlaubt, durch die erzeugte Transparenz, eine Darstellung der Kosten von Vorgängen. Die Analyse von Prozessen dient zur Gegenüberstellung von Plan- und Ist-Werten und kann zur Verbesserung von Prozessstrukturen beitragen.

Die Kundendeckungsbeitragsrechnung zusammen mit der Prozesskostenrechnung liefert eine zuverlässige Basis für die Ermittlung kundenbezogener Gewinnbeiträge und somit einen wertvollen Beitrag zur Kundenwertbestimmung.

3.2 Qualitative Bestimmungsfaktoren zur Bewertung der Kundenbeziehung

Es wurde bereits darauf eingegangen, dass in den Kundenwert nicht nur monetären Größen einfließen, sondern oftmals andere Wertbeiträge. Zu diesen qualitativen (oder: nicht-monetär, vor-ökonomisch) Beiträgen zählen das Informations-, Up-/Cross-Selling-, Weiterempfehlungs-, Kooperations- und Referenzpotential[154], die allesamt auf der Befragung oder wenigstens der Beobachtung von Kunden basieren.[155] Diese Faktoren werden häufig als Ergänzung der monetären Bewertungsverfahren eingesetzt.[156]

Obwohl diese kundenbezogenen Verhaltenskomponenten einen wichtigen Teil der Kundenbeziehungen beschreiben und in den theoretischen Modellen häufig anzutreffen sind (vgl. Tabelle 3), wird in der Praxis selten auf diese Bestimmungsfaktoren zurückgegriffen[157], da sie

---

[154] Die Abgrenzung der verschiedenen qualitativen Potentiale bzw. Werttreiber erweist sich als problematisch, da es auch in der Literatur an einer Systematisierung mangelt. Daher wurden in dieser Arbeit alle qualitativen Größen in den o.g. Potentialen subsumiert.

[155] vgl. Gelbrich, K.; Wünschmann, S.: Mehrdimensionaler Kundenwert als Entscheidungskriterium für die Akquisition von Kunden, in: Günter, B.; Helm, S. [Hrsg.]: Kundenwert. *Grundlagen - Innovative Konzepte - Praktische Umsetzungen*, 3. Auflage, Gabler Verlag, Wiesbaden 2006, S. 594

[156] vgl. Cornelsen, J.: Kundenwertanalysen im Beziehungsmarketing - *Theoretische Grundlagen und Ergebnisse einer empirischen Studie im Automobilbereich*, GIM-Verlag, Nürnberg 2000, S. 145

[157] vgl. Winkelmann, P.; Kutzner, C.: E-Statementrunde: *Kundenwert - quo vadis?*, 10/2005, S. 2, Quelle: www.competence-site.de/downloads/da/8c/i_file_27527/CS_Statementrunde102005_Kutzner.pdf [04.11.2009]

schwer zu quantifizieren sind. Und wenngleich den „monetären Kriterien die wichtigste Planungs-, Steuerungs- und Kontrollfunktion für das Unternehmensmanagement zugeschrieben wird, sind sie jedoch letztlich nur ein begrenzter Ausschnitt der Kundenbeziehung".[158]

Tabelle 3: Merkmale ausgewählter Studien zur Systematisierung und/oder Prognose des Kundenwertes
Quelle: Eigene Darstellung in Anlehnung an Lissautzki, M.: Kundenwertorientierte Unternehmenssteuerung – Voraussetzungen, Aufgaben, Werttreiberanalysen, Deutscher Universitäts-Verlag, Wiesbaden 2007, S. 88

Verfasser (Jahr)	Titel	Determinanten des Kundenwertes	
		Quantitativ	Qualitativ
Canning (1982)	Do a value analysis of your customer base	- Kundenwachstum - Kundengewinn	- Technologisches Wissen der Kunden - Meinungsführerschaft
Cornelsen (2000)	Kundenwertanalyse im Beziehungsmarketing	- Kundenumsatz - Kundenerfolg	- Referenzwert - Informationswert - Cross-Selling-Wert
Homburg / Schnurr (1999)	Was ist Kundenwert?	- Umsatz und/oder Deckungsbeitrag	- Innovations-, Kooperations-, Informationspotential - Referenzpotential
Rust / Lemon / Zeithaml (2000)	Driving Customer Equity	- Umsatz - Kosten (Betreuung / Marketing)	- Cross-Selling - Kundenbindung - Referenzeffekte
Rudolf-Sipötz (2001)	Kundenwert: Konzeption - Determinanten - Management	- Marktpotential (Ertrag, Entwicklung, Cross-Buying) (Anmerkung: Teilweise Überschneidung zw. qualitativ und quantitativ)	- Ressourcenpotential (Referenzen, Informationen, Kooperationen, Synergien)
Eberling (2002)	Kundenwertmanagement	- Erlöse - Kosten	- Referenzen - Informationen - Sicherheit
Tewes (2003)	Der Kundenwert im Marketing	- Erträge	- Cross-Selling - Informationen - Referenzen - Loyalität
Venkatesan / Kumar (2004)	A CLV-Framework for Customer Selection and Resource Allocation Strategy	- Kaufhäufigkeit (Kaufhistorie, Cross-Selling) - Produktdeckungsspannen - Marketing-Kosten	- Kundencharakteristik

Die qualitativen Faktoren gelten nicht als eigene Dimension des Kundenwertes, da sie sich nicht immer eindeutig voneinander trennen lassen. Jedoch sind die Wechselwirkungen ausnahmslos positiv[159], somit erhöht jeder Beitrag den Kundenwert.

---

[158] Reinecke, S.; Keller, J.: Strategisches Kundenwertcontrolling - *Planung, Steuerung und Kontrolle von Kundenerfolgspotentialen*, in: Reinecke, S.; Tomczak, T. [Hrsg.]: Handbuch Marketingcontrolling - *Effektivität und Effizienz einer marktorientierten Unternehmensführung*, 2. Auflage, Gabler Verlag, Wiesbaden 2006, S. 257

Informationspotential

Das *Informationspotential* umfasst alle Wertbeiträge, die durch Kundenkommunikation für das Unternehmen entstehen. Als Beispiele gelten nutzenstiftende Auswertungen von Beschwerden oder Service-Anfragen, Informationen über Abwanderungsgründe und auf Kundeninformationen basierende Konkurrenz- und Marktanalysen[160], ebenso Informationen zur Entwicklung kundenorientierter Produkte.[161] So gilt das *Innovationspotential* als Teil des Informationspotentials und drückt den möglichen Wertbeitrag eines Kunden durch dessen Integration in den Leistungsentwicklungsprozess aus.[162]

Kooperationspotential

Das *Kooperationspotential* umfasst alle Möglichkeiten der Wertsteigerung, die auf einer beliebig entwickelten Zusammenarbeit zwischen Hersteller und Kunde basieren.

Referenzpotential (Image)

Das *Referenzpotential* entspricht der Fähigkeit eines Kunden, andere potentielle Kunden zu beeinflussen und ggf. Kunden durch seinen Ruf und sein Beziehungsnetzwerk für das Unternehmen zu akquirieren.[163] Für das Referenzpotential ist der Grad der *Kundenzufriedenheit* ein maßgeblicher Faktor. Diese ist ausschlaggebend dafür, dass der Kunde seine positiven, nega-

---

[159] Gelbrich, K.; Wünschmann, S.: Mehrdimensionaler Kundenwert als Entscheidungskriterium für die Akquisition von Kunden, in: Günter, B.; Helm, S. [Hrsg.]: Kundenwert. *Grundlagen - Innovative Konzepte - Praktische Umsetzungen*, 3. Auflage, Gabler Verlag, Wiesbaden 2006, S. 597

[160] vgl. Rudolf-Sipötz, E.; Tomczak, T.: Kundenwert in der Forschung und Praxis, Thexis Verlag, Heft 2, St. Gallen 2001, S. 111 ff.

[161] vgl. Gelbrich, K.; Wünschmann, S.: Mehrdimensionaler Kundenwert als Entscheidungskriterium für die Akquisition von Kunden, in: Günter, B.; Helm, S. [Hrsg.]: Kundenwert. *Grundlagen - Innovative Konzepte - Praktische Umsetzungen*, 3. Auflage, Gabler Verlag, Wiesbaden 2006, S. 594

[162] vgl. Homburg, C.; Schnurr, P.: Kundenwert als Instrument der wertorientierten Unternehmensführung, in: Bruhn, M. et al. [Hrsg.]: Wertorientierte Unternehmensführung, Wiesbaden 1999, S. 171

[163] vgl. Cornelsen, J.: Kundenwertanalysen im Beziehungsmarketing - *Theoretische Grundlagen und Ergebnisse einer empirischen Studie im Automobilbereich*, GIM-Verlag, Nürnberg 2000, S. 6

tiven oder neutralen Informationen mitteilt. Des Weiteren ist der Grad der *Meinungsführerschaft* von Bedeutung, d.h. die Einflussstärke des Empfehlenden auf das Kaufverhalten innerhalb seines sozialen Umfeldes.[164] Je einflussreicher der Referenzgeber in seinen sozialen Netzen und je höher somit der Grad der Meinungsführerschaft, desto stärker kann er Kollegen, Partner etc. von seiner Meinung überzeugen und damit kaufbeeinflussend einwirken. Derartige Referenzkunden sind für den Anbieter von großem Wert, da die Mund-zu-Mund-Werbung als besonders glaubwürdig gilt, weil sie vom Anbieter nicht beeinflusst ist.[165] Sie trägt dazu bei, dass die Reputation des Anbieters aufgebaut bzw. verstärkt werden kann.[166]

Weiterempfehlungspotential

Das Weiterempfehlungspotential eines Kunden ist von zwei Einflussgrößen abhängig: Zum einen muss der Kunde grundsätzlich bereit sein, ein Unternehmen weiterzuempfehlen – dies setzt eine hohe Kundenzufriedenheit bzw. -loyalität voraus. Denn je stärker die Bindung des Kunden an den Anbieter ist, desto eher neigt der Kunde zur aktiven Empfehlung.[167] Zum anderen ist das Weiterempfehlungspotential von dem persönlichen Netzwerk des Kunden und von der Rolle, die er darin einnimmt, abhängig. Je größer das persönliche Kontaktnetzwerk, desto höher ist das Empfehlungspotential – sofern die Empfehlungsbereitschaft vorhanden ist.

---

[164] vgl. Gelbrich, K.; Wünschmann, S.: Mehrdimensionaler Kundenwert als Entscheidungskriterium für die Akquisition von Kunden, in: Günter, B.; Helm, S. [Hrsg.]: Kundenwert. *Grundlagen - Innovative Konzepte - Praktische Umsetzungen*, 3. Auflage, Gabler Verlag, Wiesbaden 2006, S. 595

[165] Huber, F.; Herrmann, A.; Braunstein, C.: Der Zusammenhang zwischen Produktqualität, Kundenzufriedenheit und Unternehmenserfolg, in: Hinterhuber, H.; Matzler, K. [Hrsg.]: Kundenorientierte Unternehmensführung. *Kundenorientierung - Kundenzufriedenheit - Kundenbindung*, 6. Auflage, Gabler Verlag, Wiesbaden 2009, S. 79

[166] vgl. Freiling, J.: Kundenwert aus ressourcentheoretischer Sicht, in: Günter, B.; Helm, S. [Hrsg.]: Kundenwert. *Grundlagen - Innovative Konzepte - Praktische Umsetzungen*, 3. Auflage, Gabler Verlag, Wiesbaden 2006, S. 96

[167] vgl. Helm, S.: Kundenbindung und Kundenempfehlungen, in: Bruhn, M.; Homburg, C. [Hrsg.]: Handbuch Kundenbindungsmanagement, 6. Auflage, Wiesbaden 2008,, S. 139

Up-/Cross-Selling-Potential

Im Rahmen des *Cross-Selling* („Überkreuz-Verkauf" oder *Add-on Selling*[168]) werden Kunden zusätzlich zu den bisher bezogenen Sachgütern oder Dienstleistungen andere Produkte angeboten. Ein positiver Beitrag des Cross-Selling zum Kundenwert wird vor allem auf Umsatzsteigerungen bei nur unterproportionalen Kostenzuwächsen zurückgeführt.[169] „Der daraus resultierende Cross-Selling-Potential ist ein Maß dafür, ob und ggfs. inwieweit eine bestehende Geschäftsbeziehung auf weitere Produkte eines Anbieters ausgeweitet werden kann."[170]

Das *Up-Selling*-Potential besagt, dass ein Kunde zukünftig eine größere Anzahl eines Produktes kaufen oder auf höherwertige[171] und ggf. umsatzstärkere Produkte umsteigen wird.[172]

Alle qualitativen Faktoren sind ein wichtiger Beitrag jeder Kundenbeziehung. Auch wenn eine Quantifizierung der Bestimmungsfaktoren schwierig ist, ist es insbesondere durch die Nutzung eines CRM-Systems möglich. Diese zentrale Datenbank ermöglicht es, durch die Pflege und ständige Aktualisierung der Kundenhistorie, Querverkäufe, Weiterempfehlung u.a. qualitative Faktoren zu speichern und im Zeitverlauf der Kundenbeziehung zu beobachten. Dadurch werden z.B. Folgeverkäufe oder Käufe auf Grund einer Weiterempfehlung ersicht-

---

[168] In der englisch-sprachigen Literatur wird häufig der Begriff des *Add-on Selling* verwendet. Dieser ist dem Cross-Selling sehr ähnlich, gilt aber als „weiter" gefasst: „Cross-selling depends on specific interactions or relationships between products ... Add-on selling is the activity associated with selling any additional products and services to current customers.", vgl. Blattberg, C.; Getz, G; Thomas, J.: Customer Equity - *Building and Managing Relationships As Valuable Assets*, Harvard Business Press, Boston 2001, S. 95

[169] vgl. Homburg, C.; Schäfer, H.: Die Erschließung von Kundenwertpotenzialen durch Cross-Selling, in: Günter, B.; Helm, S. [Hrsg.]: Kundenwert. *Grundlagen - Innovative Konzepte - Praktische Umsetzungen*, 3. Auflage, Gabler Verlag, Wiesbaden 2006, S. 159

[170] vgl. Cornelsen, J.: Kundenwertanalysen im Beziehungsmarketing, Science Factory, Ausgabe 3/2001, S. 3

[171] vgl. Spahlinger, L. et al.: Konzept zur effizienten Gestaltung von Kundenbeziehungen durch Kundenwertmanagement in: Günter, B.; Helm, S. [Hrsg.]: Kundenwert. *Grundlagen - Innovative Konzepte - Praktische Umsetzungen*, 3. Auflage, Gabler Verlag, Wiesbaden 2006, S. 618

[172] vgl. Dittrich, S.: Kundenbindung als Kernaufgabe im Marketing. *Kundenpotentiale langfristig ausschöpfen*, 2. Auflage, Thexis-Verlag, St. Gallen 2002, S. 151

lich und erhalten einen monetären Wert.[173] Eine zusammenfassende Darstellung der zu ermittelnden quantitativen und qualitativen Einflussgrößen zeigt die Abbildung 21.

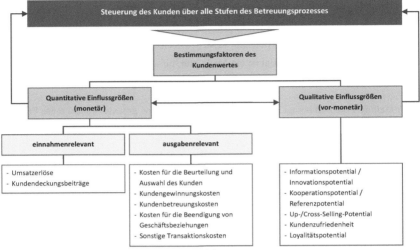

Abbildung 21: Bestimmungsfaktoren des Kundenwertes und deren Relationen
Quelle: Eigene Darstellung

3.3 Traditionelle Modelle und Methoden der Kundenwertbetrachtung

Nachfolgend werden die Modelle und Methoden der Kundenwertbetrachtung beschrieben, die keine qualitativen Bestimmungsfaktoren einbeziehen. Es gilt die verschiedenen Ansätze in übersichtlicher und weitgehend vergleichbarer Form vorzustellen und hinsichtlich ihrer Einsatzmöglichkeiten zu bewerten. Auf Grund dessen werden die Methoden und Modelle gemäß der folgenden Kriterien beschrieben:

---

[173] „Jeder zufriedene Kunde bringt mindestens drei weitere Kunden" diese Aussage ist quantifizierbar, indem das Transaktionsvolumen der Weiterempfehlungskäufe beobachtet wird und dem empfehlenden Kunden zugeordnet wird, vgl. Stolpmann, M.: Kundenbindung im E-Business. Loyale Kunden - *nachhaltiger Erfolg*, Galileo Press GmbH, Bonn 2000, S. 45

- *Anwendungsfreundlichkeit*: Diese gibt Auskunft darüber, ob das Verfahren einfach zu handhaben und für den praktischen Einsatz gut verwendbar ist.

- *Wirtschaftlichkeit*: Die Wirtschaftlichkeit zeigt, welchen Ressourcenaufwand die Datenbeschaffung und Modellgestaltung verursacht und ob der Einsatz des Verfahrens aus ökonomischen Gesichtspunkten sinnvoll ist.

- *Entscheidungsunterstützung*: Dabei wird untersucht, inwieweit das Verfahren geeignet ist, Entscheidungsträgern im Unternehmen im Hinblick auf aktuelle und zukünftige Ereignisse zuverlässige Hilfestellungen zu geben und inwieweit die Ergebnisse für den Einsatz in der Unternehmenspraxis nutzbar sind.

ABC-Analyse nach Umsatz

Die ABC-Analyse ist eine vergangenheitsbezogene Kundenbetrachtung und beantwortet die Frage, welchen Anteil der einzelne Kunde am Gesamtumsatz gehabt hat. Die ABC-Analyse ist eine einfache Methode der Kundenwertbestimmung und in der Praxis weit verbreitet.[174] Diese folgt der Pareto-Regel[175], die besagt dass 20 Prozent der Kunden 80 Prozent des Umsatzes erwirtschaften. Der Kundenstamm wird in Segmente bzw. Wertigkeitsgruppen unterteilt, wobei die Einteilung in der Regel nach dem in der Vergangenheit getätigten Umsatz erfolgt. Diese Segmente zeigen die Attraktivität eines Kunden hinsichtlich des anteiligen Erfolgsbeitrages am Gesamtumsatz. Standard ist die grobe Einteilung in A-, B- und C-Kunden. [176] Die

---

[174] vgl. Stahl, H. et al.: Kundenzufriedenheit und Kundenwert, in: Hinterhuber, H.; Matzler, K. [Hrsg.]: Kundenorientierte Unternehmensführung. *Kundenorientierung - Kundenzufriedenheit - Kundenbindung*, 5. Auflage, Gabler Verlag, Wiesbaden 2008, S. 253, ebenso: Köhler, R.: Kundenorientiertes Rechnungswesen als Voraussetzung des Kundenbindungsmanagements, in: Bruhn, M.; Homburg, C. [Hrsg.]: Handbuch Kundenbindungsmanagement, 6. Auflage, Wiesbaden 2008, S. 473

[175] Nach dem *Pareto-Prinzip* lassen sich viele Aufgaben mit einem 20-prozentigen Mitteleinsatz zu einem 80-prozentigen Erfüllungsgrad ausführen. In Bezug auf die Kundenstruktur besagt die Regel, dass 20 Prozent aller Kunden 80 Prozent des Gesamterfolges bewirken, d.h. ein relativ kleiner Kundenanteil ist überproportional für den Gesamtumsatz verantwortlich.

[176] vgl. Winkelmann, P.: Kundenwerte ermitteln und Prioritäten steuern - *Grundlagen und Trends im Customer Value Management. Statische und dynamische Methoden zur Kundenbewertung*, Schimmel Media Verlag GmbH & Co. KG, Würzburg 2004, S. 10

A-Kunden unterliegen einer differenzierteren Marktbearbeitung als die B- und C-Kunden. Grafisch dargestellt entsteht eine sogenannte Lorenzkurve (siehe Abbildung 22).

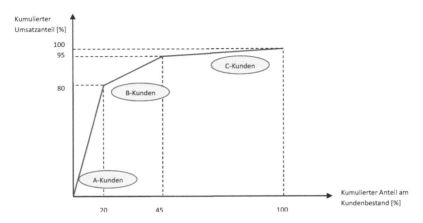

Abbildung 22: Grafische Darstellung der ABC-Analyse mit einer 80/20-Konzentration
Quelle: Eigene Darstellung

Der Vorteil der ABC-Analyse ist die Ermittlung der (Umsatz bezogenen) wichtigsten Kunden sowie die Verdeutlichung eventuell bestehender Abhängigkeitsverhältnisse zu einem oder nur wenigen Großkunden.[177]

Die Kritik bei der Verwendung einer ABC-Analyse ist vor allem die vergangenheitsorientierte Umsatzbetrachtung, da dieser nicht immer den tatsächlichen Wert der Kundenbeziehung darstellt. Darüber hinaus unterliegt dieser Wert temporären Schwankungen, bspw. bei verspäteten Zahlungseingängen, und ist somit abhängig vom Zahlungsverhalten des Kunden. Durch diese Abhängigkeiten kann es zu Verzerrungen der Kundenbewertung führen.[178] Da nicht jeder Kunde mit einem hohen Umsatz gleichzeitig einen höheren Gewinnbeitrag für den

---

[177] vgl. Winkelmann, P.; Naujoks, F.: E-Statementrunde: *Kundenwert - quo vadis?*, 10/2005, S. 2, Quelle: www.competence-site.de/downloads/96/26/i_file_27525/CS_Statementrunde102005_Naujoks.pdf [04.11.2009]

[178] Kritik an der ABC-Analyse: vgl. Cornelsen, J.: Kundenwertanalysen im Beziehungsmarketing - *Theoretische Grundlagen und Ergebnisse einer empirischen Studie im Automobilbereich*, GIM-Verlag, Nürnberg 2000, S 94

Anbieter leistet, ist das Analyseergebnis kritisch zu betrachten[179] und abzuwägen, ob die Bindungsbemühungen bei einem identifizierten A-Kunden höher sein sollten, als bei einem B-Kunden, der höhere Gewinne erzielt.[180] Ein weiterer Mangel des Verfahrens ist die mangelnde Potentialorientierung, da die ABC-Analyse rein vergangenheitsbezogen ist und somit keine Aussage über die zukünftige Entwicklung des Kunden zulässt.[181]

Bewertung

Wirtschaftlichkeit:

-   Die Datenbeschaffung und -auswertung sind nicht aufwendig, da diese insbesondere bei der Umsatzbetrachtung in geeigneter Form durch das Rechnungswesen vorliegen.

Anwendungsfreundlichkeit:

-   Einfaches Verfahren durch einfache Datenerhebung und Berechnungsmethode[182]

Entscheidungsunterstützung:

-   Die ABC-Analyse erlaubt eine schnelle Identifikation der (umsatzbezogenen) wichtigsten Kunden, aber auch der weniger wichtigen Kunden
-   Die Segmentierungsergebnisse können zur Entscheidungsfundierung in Marketing und Vertrieb verwendet werden und Maßnahmen zur Kundenbearbeitung erlauben: Bevorzugte Behandlung bzw. eine genaue Untersuchung der A-Kunden sowie Analyse der C-Kunden, bspw. ob eine übermäßige Inanspruchnahme betrieblicher Ressourcen vorliegt.
-   Durch die statische Betrachtung bleibt das zukünftige Kundenpotential unberücksichtigt.

---

[179] vgl. Barth, K.; Wille, K.: Customer Equity - *Ein prozessorientierter Ansatz zur Kundenbewertung*, Diskussionsbeitrag Nr. 276, Duisburg 2000

[180] vgl. Köhler, R.: Kundenorientiertes Rechnungswesen als Voraussetzung des Kundenbindungsmanagements, in: Bruhn, M.; Homburg, C. [Hrsg.]: Handbuch Kundenbindungsmanagement, 6. Auflage, Wiesbaden 2008, S. 474

[181] ibidem, S. 475

[182] vgl. Stahl, H. et al.: Kundenzufriedenheit und Kundenwert, in: Hinterhuber, H.; Matzler, K. [Hrsg.]: Kundenorientierte Unternehmensführung. *Kundenorientierung - Kundenzufriedenheit - Kundenbindung*, 5. Auflage, Gabler Verlag, Wiesbaden 2008, S. 253

- Die ABC-Analyse ist streng genommen eher eine Segmentierung statt eine Kundenbewertung, da der Umsatz durch die fehlende Kostenbetrachtung eine Kennzahl mit geringem Aussagegehalt ist.[183]

Kundendeckungsbeitragsrechnung

Die Einordnung sowie die Berechnung der Kundendeckungsbeitragsrechnung wurde bereits in Kapitel 3.1 vorgenommen. Durch die verursachungsgerechte Zuordnung der Kosten zu den durch den Kunden erbrachten Erträgen, gilt die Kundendeckungsbeitragsrechnung als eine eigene quasi-analytische Bewertungsmethode und wird aus Gründen der Vollständigkeit hier aufgeführt und bewertet.

Zwar liefert die Kundendeckungsbeitragsrechnung ein genaueres Bild als eine umsatzbezogene ABC-Analyse, dennoch entsteht das Problem, dass die Kosten in der Praxis nicht oder nur geschlüsselt zugeordnet werden können und dadurch kein tatsächlicher, exakter Wert pro Kunde ermittelt werden kann.[184] Es sei denn, es wird durch die Prozesskostenrechnung eine verbesserte Umlage der Gemeinkosten erreicht.

Bewertung

Wirtschaftlichkeit:

- Es entsteht Aufwand durch die ggf. detailliertere Abbildung der Kostenarten und deren Zuweisung auf Kundensegmente bzw. einzelne Kunden oder durch die Kostenermittlung mittels der Prozesskostenrechnung
- Zur eigentlichen Berechnung ist die laufende Erfassung bzw. Zuordnung aller relevanten Kosten für den Kostenträger „Kunde" erforderlich. Dadurch entsteht hoher Aufwand,

---

[183] vgl. Krafft, M.; Albers, S.: Ansätze zur Segmentierung von Kunden – *Wie geeignet sind herkömmliche Konzepte?*, Zeitschrift für betriebswirtschaftliche Forschung, 52. Jg., Düsseldorf 2000, S. 5

[184] vgl. Stahl, H. et al.: Kundenzufriedenheit und Kundenwert, in: Hinterhuber, H.; Matzler, K. [Hrsg.]: Kundenorientierte Unternehmensführung. *Kundenorientierung - Kundenzufriedenheit - Kundenbindung*, 5. Auflage, Gabler Verlag, Wiesbaden 2008, S. 255, siehe dazu Kapitel 2.4, S. 43 ff.

auch wenn die Zuordnung durch moderne CRM- und Warenwirtschaftssysteme unterstützt wird; allerdings hat die Kostenrechnung in den meisten Unternehmen noch einen
Produktfokus, daher sind hohe Kosten mit der Umstellung verbunden.[185]

Anwendungsfreundlichkeit:

- Die Deckungsbeitragsrechnung ist ansatzweise einfach zu verstehen.
- In der Unternehmenspraxis entstehen Probleme bei der verursachungsgerechten Zuord-
  nung der Kosten pro Kunde, dadurch ist eine nachvollziehbare und genaue Umlage der
  Kosten durch das Rechnungswesen notwendig.

Entscheidungsunterstützung:

- Das Verfahren liefert entscheidungsrelevante Informationen für den wirtschaftlichen
  Einsatz von Marketing- und Vertriebsressourcen.
- Die Informationen der Kundendeckungsbeiträge geben Rückschlüsse, inwieweit der
  Betreuungsaufwand oder die Verteilung (knapper) Marketingmittel für einzelne Kunden
  gerechtfertigt sind.
- Die Betrachtung ist statische und vergangenheitsbezogen, dadurch fehlt die Berücksich-
  tigung des Entwicklungspotentials

RFM (Recency, Frequency, Monetary Ratio)

Ein weit verbreitetes, statisches Verfahren – vor allem im Bereich des Direktmarketing und
Versandhandel[186] – ist das so genannte RFM-Modell. Dieses ermittelt das Kundenpotential auf

---

[185] vgl. Homburg C.; Beutin N.: Kundenstrukturmanagement als Controlling-Herausforderung in: Reinecke, S.;
Tomczak, T. [Hrsg.]: Handbuch Marketingcontrolling. *Effektivität und Effizienz einer marktorientierten Unternehmensführung*, 2. Auflage, Gabler Verlag, Wiesbaden 2006, S. 241

[186] In einigen Quellen wird das RFM-Verfahren als ein rein auf den Versandhandel anwendbares Modell genannt,
aber gleichzeitig gilt die Kaufhäufigkeit als ein Faktor mit dem größten Einfluss. Diese Kennzahl determiniert
sowohl das Kaufvolumen als auch den Grad der Kundenbindung, vgl. Venkatesan, R.; Kumar, V.: A Customer
Lifetime Value Framework for Customer Satisfaction and Resource Allocation Strategy, in: Journal of Marketing, Vol. 68, No. 4, o.O. 2004, S. 110 f.

Basis der Zeit der letzten Transaktion eines Kunden (*Recency*), der Häufigkeit einer getätigten Transaktion in der Vergangenheit (*Frequency*) und des daraus resultierenden Umsatzes (*Monetary Ratio*). Der Grundgedanke des RFM-Verfahrens ist, dass die Kaufwahrscheinlichkeit nicht nur von der Umsatzhöhe, sondern auch von der Aktualität des letzten Kaufs sowie des Zeitintervalls der letzten Käufe abhängt.[187] Beim Einsatz dieser Methode wurde festgestellt, dass die Responserate umso höher ist, je kürzer der letzte Kauf zurückliegt, je größer die Gesamtanzahl aller Käufe ist und je mehr Umsatz in der Gesamtgeschäftsbeziehung mit dem Kunden erwirtschaftet wurde.[188]

Zur Berechnung des Kundenwertes wird jeder der Variablen (RFM) mit einem Punktesystem hinterlegt. Dementsprechend werden je nach Ausprägung der Merkmale Punktwerte für die Attraktivität des Kunden vergeben, so dass sich durch deren Addition ein Kundenwert ergibt.

Die Abbildung 23 zeigt die RFM-Methode anhand eines Beispiels aus dem Handel.

Bezeichnung	Punktebewertung					
Startwert	25 Punkte (Pkt.)					
Letzter Kauf	Bis 6 Monate + 40 Pkt.	Bis 9 Monate + 25 Pkt.	Bis 12 Monate + 15 Pkt.	Bis 18 Monate + 5 Pkt.	Bis 24 Monate - 5 Pkt.	Früher - 15 Pkt.
Kauf-Häufigkeit in den letzten 18 Monaten	Zahl der Aufträge multipliziert mit dem Faktor 6					
Durchschnittlicher Umsatz der letzten drei Käufe	Bis 50 Euro + 5 Pkt.	Bis 100 Euro + 15 Pkt.	Bis 12 Euro + 25 Pkt.	Bis 200 Euro + 35 Pkt.	Bis 400 Euro + 40Pkt.	Über 400 Euro + 45 Pkt.
Anzahl Retouren (kumuliert)	0 bis 1 0 Pkt.	2 bis 3 - 5 Pkt.	4 bis 6 - 10 Pkt.	7 bis 10 - 20 Pkt.	11 bis 15 - 30 Pkt.	Über 15 - 40 Pkt.
Anzahl Werbesendungen seit letztem Kauf	Hauptkatalog je -12 Pkt.		Sonderkatalog je -6 Pkt.		Mailing je -2 Pkt.	

Abbildung 23: Beispielhaftes Scoring mit der RFM-Methode
Quelle: Eigene Darstellung in Anlehnung an Töpfer, A.; Seeringer, C.: Entwicklungsstufen des Customer-Value-Konzeptes und Berechnungsverfahren zur Steuerung des Kundenwertes, in: Töpfer, A.: Handbuch Kundenmanagement – Anforderungen, Prozesse, Zufriedenheit, Bindung und Wert von Kunden, 3. Auflage, Springer Verlag, Berlin/Heidelberg 2008, S. 240

---

[187] vgl. Kumar, V.: Managing Customers for Profit *Strategies to Increase Profits and Build Loyalty*, Wharton School Publishing, o.O. 2008, S. 30 f.

[188] vgl. Söllner, A.: Kundenanalyse und Kundenbindung, in Köhler, R. et al. [Hrsg.]: Handwörterbuch der Betriebswirtschaft, 6. Auflage, Stuttgart 2007, S. 1025 ff.

Bewertung

Wirtschaftlichkeit:

- Die Datenbeschaffung der drei Komponenten gilt als nicht aufwendig, da diese in geeigneter Form von einzelnen Kunden-Rechnungen in der Finanzbuchhaltung vorliegen.
- Die Auswertung des Scoring-Modells ist auf die vorhandene Datenbasis anwendbar, da nur Multiplikatoren bzw. eine Punktebewertung angewendet werden.
- Die Auswertung ist automatisierbar, da Bewertungen anhand fester Kriterien erfolgen ohne subjektive Kriterien zu berücksichtigen.

Anwendungsfreundlichkeit:

- Gilt als ein einfaches Verfahren durch die elementare Datenerhebung und Berechnung.

Entscheidungsunterstützung:

- Eine Bewertung, die für alle Kunden in Form einer Ergebnis-Rangliste möglich ist. Deren Ergebnisse Entscheidungen im Marketing und Vertrieb unterstützt, da Kunden mit einer hohen bzw. niedrigen Bedeutung für das Anbieter-Unternehmen auf einer vergleichbaren Basis identifiziert werden.[189]

3.4 Moderne Modelle und Methoden der Kundenwertbetrachtung

Nachfolgend werden die Modelle und Methoden beschrieben, die sowohl quantitative als auch qualitative Bestimmungsfaktoren zur der Kundenwertbetrachtung einbeziehen.

Customer Lifetime Value

Der Customer Lifetime Value (CLV) ist der Wert einer Kundenbeziehung über ihre gesamte Lebensdauer vor dem Hintergrund des gesamten getätigten Umsatzes. Die Grundlage bildet

---

[189] vgl. Reinartz, W.; Kumar, V.: The Mismanagement of Customer Loyalty, Harvard Business Review, o.O. 2007, S. 7

die Kapitalwertmethode der Investitionsrechnung, welche auf Kundenbeziehungen übertragen wurde (daher auch Kundenkapitalwert genannt).[190] In seiner Grundform wird der CLV als der abgezinste zu erwartende Zahlungsstrom aus einer Geschäftsbeziehung berechnet (siehe Formel 4):

Formel 4: Grundform der Berechnungsformel des CLV
Quelle: Eigene Darstellung in Anlehnung an Homburg, C.; Daum, D.: Marktorientiertes Kostenmanagement. Kosteneffizienz und Kundennähe verbinden, Verlag der Frankfurter Allgemeine Zeitung, Frankfurt 1997, S. 100

$$CLV = a_0 + \sum_{t=0}^{t=n} \frac{e_t - a_t}{(1 + i)^t}$$

a_0 = Anfangsinvestition zur Kundengewinnung im Zeitpunkt $t = 0$

e_t = (erwartete) Einnahmen aus der Geschäftsbeziehung in der Periode t

a_t = (erwartete) Ausgaben aus der Geschäftsbeziehung in der Periode t

i = Kalkulationszinsfuß zur Abzinsung auf einen einheitlichen Referenzzeitpunkt

t = Periode (0, 1, 2, ... n)

n = Prognostizierte Dauer der Geschäftsbeziehung

Die CLV-Methode gilt als dynamische Kundenbewertungsmethode, das heißt dieses Verfahren ist zukunftsorientiert und stützt sich nicht ausschließlich auf vergangene Ein- und Auszahlungen.[191] Mit Hilfe der getätigten Umsätze in der Vergangenheit, der voraussichtlichen Kundenlebensdauer und dem zukünftig zu erwartenden bzw. prognostizierten Gewinn wird der CLV ermittelt. Basierend auf der Annahme, dass zukünftige Zahlungen heute weniger wert sind als gegenwärtige wird auf den Betrachtungszeitpunkt abgezinst und so der Gegenwartswert der Beziehung berechnet.[192] Dem CLV-Model gelingt es den vergangenheitsbezo-

---

[190] vgl. Pufahl, M.: Vertriebscontrolling. *So steuern Sie Absatz, Umsatz und Gewinn*, Gabler Verlag, Wiesbaden 2003, S. 75

[191] vgl. Kumar, V.: Managing Customers for Profit *Strategies to Increase Profits and Build Loyalty*, Wharton School Publishing, o.O. 2008, S. 4

[192] vgl. Stauss, B.; Friege, C.: Kundenwertorientiertes Rückgewinnungsmanagement, in: Günter, B.; Helm, S. [Hrsg.]: Kundenwert. *Grundlagen - Innovative Konzepte - Praktische Umsetzungen*, 3. Auflage, Gabler Verlag, Wiesbaden 2006, S. 515

genen Charakter der bisher aufgezeigten Verfahren aufzuheben[193] und erfüllt dadurch den Anforderungen einer zukunftsgerichteten und somit strategischen Kundenbewertung.[194]

Die Kritik an der CLV-Methode in der Unternehmenspraxis richtet sich an die Anzahl der unbekannten bzw. schwer kalkulierbaren Größen. Die verwendeten Ein- und Auszahlungen in Form von Kosten und Erlösen, sowie die Kalkulationszinssätze stehen permanent im Mittelpunkt wissenschaftlicher und praktischer Diskussionen. Vor allem mit der generellen Datenverfügbarkeit und dem Risiko einer möglichen Beendigung der Geschäftsbeziehung zusammenhängen. Durch den Einbezug von Heuristiken zur Bestimmung der Abwanderungsrate oder das Hinzuziehen qualitativer Kriterien kann die Genauigkeit verbessert werden, jedoch erhöht sich gleichzeitig die Anzahl der Unsicherheitsfaktoren.[195]

Bei der Berechnung des CLV können neben dem unterschiedlichen Aggregationsniveau und den quantitativen Bestimmungsfaktoren, auch qualitative Komponenten in die Berechnung einbezogen werden (siehe Abbildung 24).[196]

---

[193] vgl. Winkelmann, P.: Kundenwerte ermitteln und Prioritäten steuern - *Grundlagen und Trends im Customer Value Management. Statische und dynamische Methoden zur Kundenbewertung*, Schimmel Media Verlag GmbH & Co. KG, Würzburg 2004, S. 21

[194] ibidem, S. 1

[195] vgl. Wachter, N.: Kundenwert aus Kundensicht: *Eine empirische Analyse des Kundennutzens aus Sicht der Privat- und Geschäftskunden in der Automobilindustrie.* Deutscher Universitäts-Verlag, Wiesbaden 2006, S. 11

[196] Krafft, M.; Rutsatz, U.: Konzepte zur Messung des ökonomischen Kundenwerts, in: Günter, B.; Helm, S. [Hrsg.]: Kundenwert. *Grundlagen - Innovative Konzepte - Praktische Umsetzungen*, 3. Auflage, Gabler Verlag, Wiesbaden 2006, S. 272

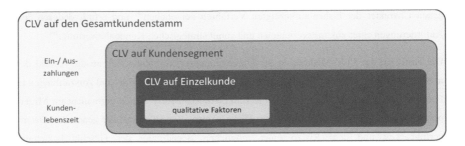

Abbildung 24: CLV mit den verschiedenen Aggregationsstufen und Ausprägungen
Quelle: Eigene Darstellung

In der Literatur finden sich Meinungen, dass die CLV-Methode ohne den Einbezug qualitativer Faktoren „keine marketingrelevanten Informationen bezüglich kundenbezogener Details" liefert. Dennoch gibt es bisher keine Ansätze, die alle „relevanten Teilwirkungen des Kunden auf den Unternehmenserfolg in eine[r] Berechnungsformel [integrieren]".[197] Dies macht noch einmal die Schwierigkeit deutlich, die benötigten Daten zu erheben, quantifizieren und in einer Formel zusammenzuführen. Auf Grund dessen gilt der CLV in seiner Vollständigen Ausführung als sehr theoretisch und schwierig anwendbar. Daher wird in der Praxis häufig auf Scoringmodelle zurückgegriffen, die die Kombination mehrerer Kriterien ermöglichen.[198]

Bewertung

Anwendungsfreundlichkeit:

-   Die Kapitalwertmethode ist ein bekanntes und in der Praxis angewandtes Vorgehen, daher ist die Nachvollziehbarkeit und Verständlichkeit des Ansatzes grundsätzlich gut.

---

[197] Bauer, H.; Hammerschmidt, M.; Brähler, M.: Kundenwertbasierte Unternehmensbewertung - *Das Customer Lifetime Value-Konzept und sein Beitrag zu einer marketingorientierten Unternehmensbewertung*, in: Jahrbuch der Absatz und Verbrauchsforschung, 48 Jg., Nr. 4, 2002, S. 326

[198] vgl. Homburg, C.; Sieben, F.: CRM - *Strategische Ausrichtung statt IT-getriebener Aktivismus*, in: Bruhn, M.; Homburg, C.: Handbuch Kundenbindungsmanagement, 6. Auflage, Gabler Verlag, Wiesbaden 2008, S. 511

- Die Modelle zur Berechnung insbesondere der zukünftigen Ein- und Auszahlungen und zur Bestimmung der Kundenlebenszeit können sehr komplex werden.[199]

Wirtschaftlichkeit:

- Es wird eine sehr gute Datenbasis (aus dem Rechnungswesen sowie der CRM-Kundenhistorie) zur Bestimmung benötigt, daher gilt die Methode als aufwendig.
- Die Daten zur Ermittlung des CLV müssen über aufwendige Verfahren herausgefunden werden und benötigen teilweise erhöhten technischen Aufwand je nach Anzahl der Kunden und Aggregationsgrad (bspw. Data-Warehouse).

Entscheidungsunterstützung:

- Entscheidungen, die im Rahmen des Kundengewinnungs- und Kundenbindungsmanagements zu treffen sind, werden durch den CLV unterstützt.[200]
- Der CLV kann Entscheidungen in Marketing und Vertrieb gut unterstützen, dadurch dass Angebote und Kaufanreize segmentspezifisch oder individuell gestaltet werden.[201]
- Die Berücksichtigung von Prognosewerten (Kundenlebenszeit, aber auch der Einbezug qualitativer Faktoren) schränken aufgrund deren Unsicherheiten die Ergebnisqualität ein, so dass sich das Verfahren selbst im Business-to-Business-Bereich bisher nicht etablieren konnte.[202]

---

[199] Stauss, B.; Friege, C.: Kundenwertorientiertes Rückgewinnungsmanagement, in: Günter, B.; Helm, S. [Hrsg.]: Kundenwert. *Grundlagen - Innovative Konzepte - Praktische Umsetzungen*, 3. Auflage, Gabler Verlag, Wiesbaden 2006, S. 515

[200] vgl. Kumar, V.: Managing Customers for Profit *Strategies to Increase Profits and Build Loyalty*, Wharton School Publishing, o.O. 2008, S. 38

[201] ibidem, S. 39

[202] vgl. Krafft, M.; Rutsatz, U.: Konzepte zur Messung des ökonomischen Kundenwertes, in: Günter, B.; Helm, S. [Hrsg.]: Kundenwert. *Grundlagen - Innovative Konzepte - Praktische Umsetzungen*, 3. Auflage, Gabler Verlag, Wiesbaden 2006, S. 279

Portfolio-Analyse / Scoring-Modelle

Während die Darstellung innerhalb einer Portfolio-Analyse die Kunden oder Kundengruppen anhand mehrerer Dimensionen zeigt, werden diese bei Scoring-Modellen auf eine Kennzahl verdichtet.[203] Die Gewichtung einzelner Kriterien mittels Punktbewertungsverfahren kann rein intuitiv oder auf Basis empirischer Ergebnisse festgelegt werden.[204]

Sowohl die Portfolio-Analyse, als auch das Scoringmodell, können quantitative und qualitative Faktoren zusammenführen und so eine einheitliche Sicht auf den Kundenwert bieten, d.h. es handelt sich nicht um eigenständige Bewertungsverfahren, sondern um eine Methode, die mehrere Ansätze zur Kundenbewertung in eine mehrdimensionale Darstellung integriert.

Scoringmodell

Scoringmodelle liefern, basierend auf festzulegender qualitativer und quantitativer Beurteilungsparameter, eine Bewertung der Kunden mittels Punkten, die unter Umständen unterschiedlich gewichtet werden.

Die Vorgehensweise zur Erstellung eines Scoringmodells kann wie folgt dargestellt werden: Zunächst werden die Kriterien aufgestellt, welche ausgewählten Experten als wichtig erscheinen und in die Analyse eingehen sollen. Zu jedem Kriterium wird eine ordinale Messskala festgelegt (z.B. von 1 bis 100). Die Höhe der Punktzahl auf dieser Skala entspricht der Ausprägung dieses Kriteriums beim Kunden. Die quantitativen Kriterien, wie der Umsatz, können durch Klassenbildung ordinal gemessen und auf der Skala entsprechend zugeordnet werden.[205] Nach dieser Skala wird die Bewertung der konkreten Ausprägung jedes Kunden vorgenommen. Die Relevanz der einzelnen Merkmale ergibt sich durch unterschiedliche Gewichtungsfaktoren, der danach mit der jeweiligen Punktzahl des Kunden multipliziert wird.

---

[203] vgl. Cornelsen, J.: Kundenwertanalysen im Beziehungsmarketing - *Theoretische Grundlagen und Ergebnisse einer empirischen Studie im Automobilbereich*, GIM-Verlag, Nürnberg 2000, S. 149

[204] vgl. Lissautzki, M.: Kundenwertorientierte Unternehmenssteuerung - *Voraussetzungen, Aufgaben, Werttreiberanalysen*, Deutscher Universitäts-Verlag, Wiesbaden 2007, S. 29

[205] vgl. Köhler, R.: Kundenorientiertes Rechnungswesen als Voraussetzung des Kundenbindungsmanagements, in: Bruhn, M.; Homburg, C. [Hrsg.]: Handbuch Kundenbindungsmanagement, 6. Auflage, Wiesbaden 2008, S. 480

Probleme ergeben sich unter anderem bei der Subjektivität der Kriterien-Auswahl, der Punktevergabe und der Kriterien-Gewichtung.[206] Insofern besteht eine sinnvolle Alternative darin, die qualitativen Faktoren in quantitative Faktoren zu überführen. Dies erfolgt auf der Grundlage von Annahmen, wie sich die qualitativen Faktoren voraussichtlich monetär auswirken.[207] Die Tabelle 4 zeigt ein beispielhaftes Scoringmodell:

Tabelle 4: Beispiel für ein Scoring-Model zur Kundenqualifizierung und -bewertung
Quelle: Eigene Darstellung

Scoring-Modell zur Kundenqualifizierung und -bewertung		Kunde I.		Kunde II.	
	Gewichtung	Bewertung	Punkte	Bewertung	Punkte
Kundendeckungsbeitrag	25	70	1750	80	2000
Kundenumsatz	15	60	900	50	750
Kundenzufriedenheit	15	60	900	70	1050
Potential des Kunden	10	60	600	80	800
Serviceintensität	10	50	500	60	600
Kooperationsverhalten	10	40	400	20	200
Referenzwert	5	30	150	40	200
Weiterempfehlungswert	5	20	100	20	100
Bonität	5	60	300	70	350
Summe	100		5600		6050

Portfolio-Analyse

Eine weitere Möglichkeit der Kundenbewertung liegt in der Erstellung von Portfolios. Dabei werden Kundenbeziehungen anhand mehrerer Dimensionen bewertet. Kundenportfolios können Auskünfte über Kundenbeiträge, aber auch Kundenpotenziale bieten. Hier wird ein zwei- oder dreidimensionaler Beurteilungsraum aufgespannt[208], der die wichtigsten Merkmale

---

[206] vgl. Helm, S.; Günter, B.: Kundenwert - *Herausforderungen der Bewertung von Kundenbeziehungen*, in: Günter, B.; Helm, S. [Hrsg.]: Kundenwert. *Grundlagen - Innovative Konzepte - Praktische Umsetzungen*, 3. Auflage, Gabler Verlag, Wiesbaden 2006, S.18

[207] vgl. Franz, K.: Der Kundenwert in Modellen des Wertmanagement, in: Günter, B.; Helm, S. [Hrsg.]: Kundenwert. *Grundlagen - Innovative Konzepte - Praktische Umsetzungen*, 3. Auflage, Gabler Verlag, Wiesbaden 2006, S. 450

[208] Dies gilt für zwei und dreidimensionale Koordinatensysteme. Bei den Erstgenannten wird die Kreisgröße als dritter Faktor verwendet, um innerhalb eines zweidimensionalen Koordinatensystems drei Faktoren darzustellen.

zur Kundenbewertung umfasst.[209] Anders als beim Scoring-Modell werden die Kundenbewertungen nicht zu einer Wertzahl zusammengefügt, sondern in einer Matrix nach zwei getrennten Hauptmaßstäben positioniert[210] und ausgehend von der Höhe der ermittelten Gesamtpunktzahl in Kategorien unterteilt.[211] Portfolio-Darstellungen eignen sich besonders, um strategische Richtungen für identifizierte Segmente zu erarbeiten (siehe Abbildung 25).[212]

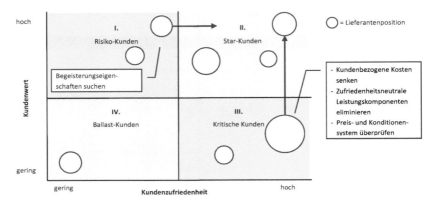

Abbildung 25: Kundenmanagement
Quelle: Eigene Darstellung in Anlehnung an Stahl, H. et al.: Kundenzufriedenheit und Kundenwert, in: Hinterhuber, H.; Matzler, K. [Hrsg.]: Kundenorientierte Unternehmensführung. Kundenorientierung - Kundenzufriedenheit - Kundenbindung, 5. Auflage, Gabler Verlag, Wiesbaden 2008, S. 264

[209] vgl. Helm, S.; Günter, B.: Kundenwert - *Herausforderungen der Bewertung von Kundenbeziehungen*, in: Günter, B.; Helm, S. [Hrsg.]: Kundenwert. *Grundlagen - Innovative Konzepte - Praktische Umsetzungen*, 3. Auflage, Gabler Verlag, Wiesbaden 2006, S.19

[210] vgl. Winkelmann, P.: Kundenwerte ermitteln und Prioritäten steuern - *Grundlagen und Trends im Customer Value Management. Statische und dynamische Methoden zur Kundenbewertung*, Schimmel Media Verlag GmbH & Co. KG, Würzburg 2004, S. 16

[211] Die hier gezeigte Portfolio-Analyse ist *eine* Möglichkeit der Darstellung und Unterteilung in Kategorien. Daneben existieren weitere Ansätze, wie etwa der „Kundenkubus", siehe dazu: Tomczak, T; Rudolf-Sipötz, E.: Bestimmungsfaktoren des Kundenwertes, in: Günter, B.; Helm, S. [Hrsg.]: Kundenwert. *Grundlagen - Innovative Konzepte - Praktische Umsetzungen*, 3. Auflage, Gabler Verlag, Wiesbaden 2006, S. 140 ff.

[212] Rudolf-Sipötz, E.; Tomczak, T.: Kundenwert in Forschung und Praxis, Thexis Fachbericht für Marketing, St. Gallen 2001/2002, S. 33 ff.

Die abgeleiteten, groben Maßnahmen pro Segment können heißen: „Binden", „Investieren", „Abschöpfen" und „Prüfen". Konkrete, kundenindividuelle Maßnahmen lassen sich auf Grund dieser Handlungsempfehlungen jedoch nur bedingt entwickeln.[213]

<u>Bewertung</u>

Anwendungsfreundlichkeit:

- Das Beurteilungssystem ist gut verständlich, allerdings sind durch den hohen Verdichtungsgrad weitere Informationen heranzuziehen, um konkrete Maßnahmen zur Kundenwert-Steuerung einzuleiten[214] – was die Benutzerfreundlichkeit wieder reduziert.
- Kunden werden vergleichend bewertet und in Relation zueinander dargestellt.[215]

Wirtschaftlichkeit:

- Die Erstellung bedarf der Quantifizierung von qualitativen Faktoren, was bei einer möglichst objektiven Durchführung aufwendig ist.

Entscheidungsunterstützung:

- Durch ein Scoring-Modell bzw. ein Kundenportfolio werden können geeigneten Marketingstrategien abgeleitet werden, mit denen der Kunde umworben oder als weniger wichtig eingestuft wird.
- Das Verfahren hat eine gute Eignung zur Unterstützung der strategischen Planung und erlaubt Ableitungen von Maßnahmen zur Kundenentwicklung.[216]

---

[213] vgl. Lissautzki, M.: Kundenwertorientierte Unternehmenssteuerung - *Voraussetzungen, Aufgaben, Werttreiberanalysen*, Deutscher Universitäts-Verlag, Wiesbaden 2007, S. 29

[214] vgl. Preißner, A.: Marketing-Controlling, 2. Auflage, Oldenbourg Verlag, o.O. 1999, S. 112

[215] vgl. Winkelmann, P.: Kundenwerte ermitteln und Prioritäten steuern - *Grundlagen und Trends im Customer Value Management. Statische und dynamische Methoden zur Kundenbewertung*, Schimmel Media Verlag GmbH & Co. KG, Würzburg 2004, S. 17

[216] ibidem, S. 17

3.5　Zusammenfassende Betrachtung des Entwicklungsstands der anbieterorientierten Kundenwertberechnung

Im vorangegangenen Abschnitt wurden ausgewählte Ansätze zur Kundenbewertung vorgestellt. Auf Grund der Vielzahl der theoretischen Modelle wird deutlich, wie wichtig die Kundenwertbetrachtung gesehen wird. Gleichzeitig fällt auf, dass kein Modell existiert, welches „die wesentlichen Komponenten beinhaltet, klar voneinander abgrenzt, systematisiert und in Beziehung zueinander setzt... Entweder bleiben die vorhandenen Systeme auf einem sehr abstrakten Niveau, wie beispielsweise die Beschreibung der Formel des CLV, oder sie spezialisieren sich auf Teilaspekte."[217]

Dazu kommt, dass sich die kundenwertorientierte Steuerung an sich „rechnen" muss. Wirtschaftlich sinnvoll ist die Einführung einer kundenwertorientierten Steuerung also nur, wenn der Nutzen die damit verbundenen Kosten übersteigt.[218] Auch hier mangelt es den bisherigen Modellen, da diese durch die verwendeten Bestimmungsfaktoren bzw. deren Beschaffung, Pflege und Aufbereitung sehr aufwendig sind und unter Umständen hohe Kosten verursachen.

Bei den traditionellen Verfahren lässt sich zusammenfassend beobachten, dass alle Modelle und Methoden durch die statische Ausrichtung teilweise zu irrtümlichen Kundensegmentierungen und -bewertungsansätzen kommen können. Dies ist verursacht durch die Nichtbeachtung des zukünftigen Ertragspotentials eines Kunden.[219]

Der Nachteil eines modernen Kundenbewertungssystems ist der hohe Aufwand, der einerseits mit der Einführung und Durchführung des eigentlichen Kundenbewertungssystems, andererseits mit der Veränderung innerhalb des Unternehmens einhergeht, dazu gehören: Die notwendige Umstrukturierung hin zu einer kundenorientierten Aufbauorganisation, die Neuausrichtung des Rechnungswesens von der Produkt- zur Kundenorientierung und letzt-

---

[217] Lissautzki, M.: Kundenwertorientierte Unternehmenssteuerung - *Voraussetzungen, Aufgaben, Werttreiberanalysen*, Deutscher Universitäts-Verlag, Wiesbaden 2007, S. 30

[218] ibidem, S. 59

[219] vgl. Duderstadt, S.: Wertorientierte Vertriebssteuerung durch ganzheitliches Vertriebscontrolling: *Konzeption für das Retailbanking*, Gabler Verlag, Wiesbaden 2006, S. 97

endlich die Akzeptanz der Mitarbeiter, die ihr Wissen über den Kunden bestmöglich in eine zentrale Datenbasis mittels CRM-System einpflegen und ständig aktualisieren müssen.[220] Dieser Aufwand ist je nach verwendetem Modell der Kundenbewertung verschieden, da unterschiedliche Ansprüche an die Datenqualität und Datenzurechnung gestellt werden – auf der anderen Seite steigt aber die Qualität der Aussage über die Kunden (siehe Abbildung 26).

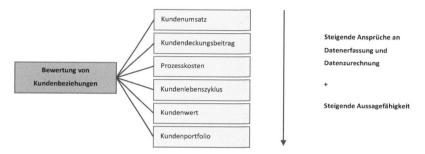

Abbildung 26: Die Bewertung von Kundenbeziehungen
Quelle: Eigene Darstellung in Anlehnung an Stahl, H.: Modernes Kundenmanagement. Wenn der Kunde im Mittelpunkt steht, 2. Auflage, Expert-Verlag, Praxiswissen Wirtschaft, Band 47, Renningen-Malmsheim 2000, S. 203

Die Aussagen über die bisherigen Verfahren werden empirisch belegt durch eine Studie des Instituts für Marketing und Handel.[221] Bei der Betrachtung der Ergebnisse fällt auf, dass vorherrschend monokriterielle Verfahren zur Kundenwertbestimmung Anwendung finden. Multikriterielle, also nach Definition dieser Arbeit „moderne Kundenbewertungssysteme", jedoch nur wenig eingesetzt werden – und das, obwohl sie durchaus als sinnvoll erachtet werden (siehe Abbildung 27).

---

[220] siehe Kapitel 2.4, S. 40

[221] vgl. Tomczak, T; Rudolf-Sipötz, E.: Bestimmungsfaktoren des Kundenwertes: *Ergebnisse einer branchenüber-greifenden Studie*, in: Günter, B.; Helm, S. [Hrsg.]: Kundenwert. *Grundlagen - Innovative Konzepte - Praktische Umsetzungen*, 3. Auflage, Gabler Verlag, Wiesbaden 2006, S. 142 f.

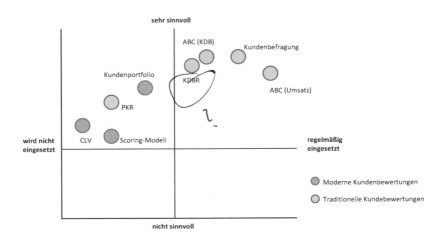

Abbildung 27: Sinnhaftigkeit und Einsatzregelmäßigkeit der Verfahren
Quelle: Eigene Darstellung in Anlehnung an Tomczak, T; Rudolf-Sipötz, E.: Bestimmungsfaktoren des Kundenwertes: Ergebnisse einer branchenübergreifenden Studie, in: Günter, B.; Helm, S. [Hrsg.]: Kundenwert. Grundlagen - Innovative Konzepte - Praktische Umsetzungen, 3. Auflage, Gabler Verlag, Wiesbaden 2006, S. 150

Demnach ist es wichtig, die einzelnen Bewertungsmethoden auf die praktikablen Bestandteile zu untersuchen im Hinblick auf die organisatorischen und technischen Möglichkeiten des Anbieterunternehmens. Nur durch eine Implementierung innerhalb des CRM-Systems zusammen mit einer standardisierten und praktikablen Dateneingabe und -pflege sowie der Akzeptanz der Mitarbeiter gelingt eine erfolgreiche Umsetzung.

Diese gesamte Umstrukturierung des Unternehmens und die Auswahl eines geeigneten Kundenbewertungssystems werden „sich nur lohnen, wenn der Nutzen die bessere Bewertung der Kunden, gleichzeitig zu einer besseren Allokation von Ressourcen auf einzelne Kunden oder Kundengruppen führt."[222] Es ist demnach wichtig, nicht nur für eine Kundenbewertung zu sorgen, sondern auch die geeigneten Maßnahmen zu ergreifen. Die Ergebnisse der Bewertung müssen eruiert werden, um das Kundenbewertungssystem gewinnbringend einzusetzen. Der Kundenwert muss eine zentrale Steuerungsgröße im CRM werden.

---

[222] Stahl, H. et al.: Kundenzufriedenheit und Kundenwert, in: Hinterhuber, H.; Matzler, K. [Hrsg.]: Kundenorientierte Unternehmensführung. *Kundenorientierung - Kundenzufriedenheit - Kundenbindung*, 5. Auflage, Gabler Verlag, Wiesbaden 2008, S. 261

Zusammenfassend lässt sich sagen, dass die theoretischen Modelle und Methoden zur Kundenwertbetrachtung bereits weit fortgeschritten sind. Dennoch gelingt die Überführung eines modernen Bewertungssystems in die Unternehmenspraxis nicht oder nur unzureichend.[223]

Im Anschluss an die Vorstellung und kritische Auseinandersetzung mit den traditionellen und modernen Modellen und Methoden der Kundenwertbestimmung erfolgt im nächsten Kapitel die Auswertung der empirischen Studie zur Überprüfung der aufgestellten Thesen.

---

[223] vgl. Tomczak, T; Rudolf-Sipötz, E.: Bestimmungsfaktoren des Kundenwertes: *Ergebnisse einer branchenübergreifenden Studie*, in: Günter, B.; Helm, S. [Hrsg.]: Kundenwert. *Grundlagen - Innovative Konzepte - Praktische Umsetzungen*, 3. Auflage, Gabler Verlag, Wiesbaden 2006, S. 146

4 Befragung zur Erhebung und Analyse der Ist-Situation zur Kundenwertbetrachtung in der Unternehmenspraxis

Mit der empirischen Untersuchung sollen die in der Einleitung aufgeführte Hauptthese und deren Unterthesen beantwortet werden. Für die Untersuchung wurde empirisches Datenmaterial erhoben. Die Methodik und die Untersuchung werden zunächst beschrieben. Danach wird die Zusammensetzung der Umfrageteilnehmer genauer untersucht. Anschließend werden die Aussagen der Teilnehmer analysiert und den Thesen gegenübergestellt. Im letzten Abschnitt erfolgt eine Interpretation der Aussagen.

4.1 Vorstellung der Forschungsmethode der empirischen Untersuchung und des Untersuchungssteckbriefes

In dieser Arbeit wurden Unternehmen befragt, die vornehmlich im Business-to-Business-Bereich agieren und teilweise bereits CRM-Software einsetzen. Ziel der Umfrage war es, herauszufinden, wie etabliert eine wertorientierte Kundensicht in den Unternehmen ist und inwieweit die befragten Unternehmen bereits bestehende Kundenwertbestimmungsmethoden kennen und einsetzen. Außerdem wurde erfragt, welche Bewertungskriterien einer Kundenbeziehung in der Praxis besonders von Bedeutung sind, um mit Hilfe dieser Aussagen die aufgestellten Thesen zu verifizieren bzw. falsifizieren und basierend darauf eine praktikable Kundenbewertungsmethode entwickeln zu können.

Zur Überprüfung der aufgestellten Thesen wurde zur Erhebung der Ist-Daten ein standardisierter Fragebogen entworfen, der sich vor allem an Dienstleistungsunternehmen richtet, da hier davon ausgegangen werden kann, dass diese eine hohe Kundenorientierung aufweisen, die maßgeblich für den Unternehmenserfolg ist. Es wurden sowohl Entscheidungsträger als auch Angestellte befragt, die aus strategischer Sicht und aus dem operativen Tagesgeschäft heraus Interesse an der Kundenwertbetrachtung haben.

Verbreitet wurde der Fragenkatalog durch das Anschreiben von Geschäftskontakten, die bereits CRM-Software einsetzen[224] und an Ansprechpartner aus Unternehmen, die auf der Karriereplattform xing.de[225] vertreten sind bzw. im „CRM Forum" von Wolfgang Schwetz[226]. Zusätzlich wurden die berufstätigen Kommilitonen der Rheinischen Fachhochschule Köln mit dem Schwerpunkt Wirtschaftsinformatik befragt, da diese vornehmlich aus dem IT-Dienstleistungssektor stammen. Die Überlegung bei der breiten Streuung des Fragebogens war es, einen gewissen Teil der Umfrageergebnisse aus heterogenen Wirtschaftsbranchen zu erhalten und so einen breit gefächerten Wissensstand und unterschiedliche Erfahrungswerte sammeln zu können.

Als Erhebungsmethode wurde der standardisierte Fragebogen als Online-Umfrage gewählt, um die Antworten der Befragten gut miteinander vergleichen zu können. Zudem konnten so mehr Unternehmen befragt werden, da die Auswertung der Antworten einfacher durchzuführen ist und eine genaue Verifizierungsmöglichkeit der Haupt- und Unterthesen besteht.

Die Umfrage bestand zu meist aus strukturierten Fragen mit vordefinierten Antworten. Als Fragetypen wurden Alternativ- und Skalierungsfragen gewählt. Die verwendeten Ja/Nein-Optionen kamen zum Einsatz, um gegebenenfalls Fragen, die durch den Umfrageteilnehmer nicht beantwortet werden können, im Vorfeld auszuschließen und den Fragebogen so zu verkürzen. Eine Frage konnte mittels prozentualer Schätzung als Freitext eingegeben werden. Die Anzahl der Fragen mit frei formulierbaren Antworten wurden absichtlich minimal gehalten, um eine einfache, einheitliche Auswertung der Daten zu gewährleisten.

Die Umfragedauer erstreckte sich über den Zeitraum vom 23.08.2009 bis zum 18.10.2009.

Die Grundgesamtheit als Menge aller potentiellen Untersuchungsobjekte stellen alle deutschsprachigen Unternehmen dar, die über eine hohe Kundenorientierung verfügen und vorzugs-

---

[224] Hierzu konnte auf den Kundenstamm der FlowFact AG, Hersteller von branchenspezifischer CRM-Software für die Immobilienwirtschaft, zurückgegriffen werden.

[225] „Die XING AG zählt über 8 Millionen Mitglieder weltweit (Stand August 2009: 7,91 Mio.)", Quelle: http://corporate.xing.com/deutsch/investor-relations/basisinformationen/fakten-und-zahlen [01.11.2009]

[226] Quelle: www.crmforum.de von Wolfgang Schwetz [04.11.2009]

weise Kundenbeziehungen mittels CRM-Software erfassen und pflegen. Die Auswahlgesamtheit der Untersuchung beschränkt sich auf 22 Studenten der Rheinischen Fachhochschule Köln mit dem Schwerpunkt Wirtschaftsinformatik II. sowie 81 Kunden der FlowFact AG, denen der Fragebogen per E-Mail zugesendet wurde. Die Anzahl der Umfrageteilnehmer aus den Internetforen kann nicht beziffert werden, da die Umfrage öffentlich verfügbar war und anonymisiert durchgeführt wurde. Die Stichprobe der Untersuchung bezieht sich somit auf die Auswahlgesamtheit, wobei die Anzahl der Foren-Teilnehmer nicht nachzuvollziehen ist.

Vor der Veröffentlichung des finalen Fragebogens wurde dieser in einem Pre-Test durch Kommilitonen und Kollegen hinsichtlich Ablauflogik, Verständlichkeit der Fragen sowie der Handhabbarkeit überprüft.

Die Entwicklung des Fragebogens und die damit verbundene softwaretechnische Festlegung der Ablauflogik, die Erfassung der Fragen und der Antworten der Umfrageteilnehmer sowie die Auswertung der Ergebnisse, wurde mittels des auf einem Web-Server installierten Open-Source-Umfrage-Tools „LimeSurvey" in der Version 1.71 durchgeführt.

Die Analyse der erhobenen Daten wurde mittels des Durchschnittsverfahrens vorgenommen und stellt die Häufigkeitsverteilung der einzelnen Antworten, in einer überschaubaren Form, sowohl tabellarisch als auch graphisch dar.

Das angewandte Grundmodell der empirischen Untersuchung wird in Abbildung 28 dargestellt. Der schematische Ablauf stellt die Einbettung einer empirischen Untersuchung in die Gesamtarbeit dar.

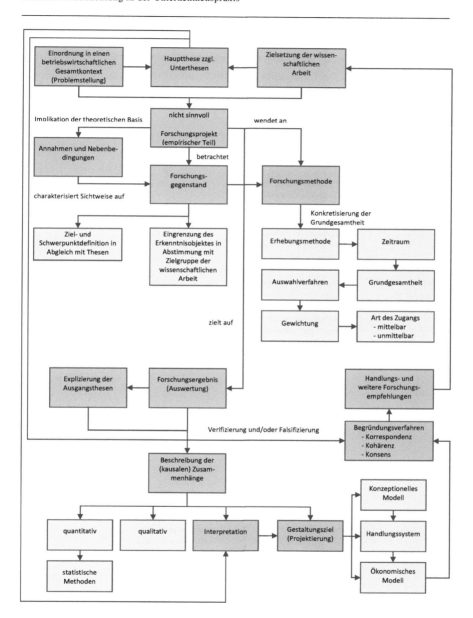

Abbildung 28: Grundmodell der empirischen Untersuchung
Quelle: Eigene Darstellung in Anlehnung an Marz O.: Prozessorientierte Entscheidungsrechnung für den Einsatz mobiler Endgeräte, Arbeitsheft Wirtschaft, Wirtschaftsverlag Putbus, o.O. 2007, S. 75

Aus dem abstrahierten Schaubild leitet sich für die Studie der nachfolgende Untersuchungssteckbrief ab, anhand dessen der forschungsmethodische Ablauf und die Informationsauswertung dargestellt werden. Der Untersuchungssteckbrief wird in Tabelle 5 zusammengefasst:

Tabelle 5: Untersuchungssteckbrief der empirischen Untersuchung
Quelle: Eigene Darstellung in Anlehnung an: Marz, O.: Prozessorientierte Entscheidungsrechnung für den Einsatz mobiler Endgeräte, Arbeitsheft Wirtschaft, Wirtschaftsverlag Putbus, o.O. 2007, S. 76

Untersuchungssteckbrief			
Allgemeine Einordnung in die Gesamtarbeit			
Merkmal	**Ziel**	**Konkretisierung**	**Kommentar**
Forschungsprojekt (normativ)	Praktikabilitätsanalyse der Modelle und Methoden zur Kundenwertbestimmung		
Forschungsgegenstand (deskriptiv)	Die Modelle und Methoden zur Kundenwertbestimmung und deren Praktikabilität in der Unternehmenspraxis und innerhalb des CRM-Kontexts.		
Annahmen und Nebenbedingungen (limitativ)	Die Studienteilnehmer dieser Studie verfügen mind. über eine betriebswirtschaftliche Grundbildung und Kenntnisse im Bereich Kundenmanagement (ggf. mittels CRM).	Die Hauptzielgruppe der Umfrage waren Dienstleistungs-Unternehmen vornehmlich im Business-to-Business-Bereich.	Die Studienteilnehmer stammen aus heterogenen Branchen, da die Studie neben der individuellen Zusendung auch innerhalb von Karriereplattformen und Foren anonym veröffentlicht wurde.
Ziel- und Schwerpunktdefinition	Das Ziel ist die Erhebung von Ist-Daten zur Ermittlung des aktuellen Stands der Kundenbewertung bzw. der dazu benötigten Informationen in Unternehmen, um im Anschluss daran eine praktikable Kundenbewertungsmethode zu entwickeln.		
Erkenntnisobjekt	Kundenwert im Hinblick auf dessen Bestimmung in der Unternehmenspraxis		
Erfahrungsobjekt	Ansprechpartner kundenorientierter Unternehmen	Die Ansprechpartner in Unternehmen mit einer kundenorientierten Ausrichtung. Bei der gezielten Befragung wurden meist Verantwortlich aus dem Bereich Verkauf und Marketing ausgewählt.	

Beschreibung der Forschungsmethodik			
Merkmal	**Ziel**	**Konkretisierung**	**Kommentar**
Erhebungsmethode		Primärforschung	
Zugang (Primärforschung)		unmittelbarer Zugang	
Art (Primärforschung)		Befragung	
Instrument (Primärforschung)		Fragebogen	
Ergänzende Erläuterungen zu den Instrumenten der Primärforschung			
Fragebogen		standardisiert	
Antwortkategorien		hybrid (offen/geschlossen)	
Abschließende Angaben			
Zeitraum		23.08.2009 bis 18.10.2009	
Grundgesamtheit	Alle Unternehmen im deutschspra-chigen Raum, die über eine kunden-orientierte Ausrichtung verfügen.	Nutzer der Internetplattfor-men XING und des CRM-Forums sowie Teilzeitstuden-ten der RFH Köln	Befragt wurden dabei ausschließlich die Teilzeitstudenten des 7. Semesters im Fachbe-reich Wirtschaftsinfor-matik II. an der Rheinischen Fachhoch-schule Köln.
Umfang		Teilerhebung	
Auswahlgesamtheit		148	Es wurden von insg. 213 Ergebnissen nur die vollständig ausgefüllten Umfrageergebnisse (148) in die Auswertung einbezogen.
Auswahlverfahren		bewusst	
Auswahlverfahren (detail. Kategorisierung)		bewusst	
Frequenz		einmalig	
Beschreibung der Auswertung und Analyse			
Merkmal	**Ziel**	**Konkretisierung**	**Kommentar**
Explizierung der Ausgangsthesen		ja	
Erklärung und Beschreibung		quantitativ und qualitativ	
Statistische Methoden		Durchschnittsverfahren	
Gestaltungsziel und Projektierung		ja	
Art (bei Gestaltungsziel und Projektierung)		Konzeptuelles Modell	
Begründungsverfahren		Konsens	

4.2   Charakteristika der Umfrageteilnehmer

In diesem Kapitel werden die Angaben der Teilnehmer untersucht bezüglich deren Position und der Branchenzugehörigkeit des Unternehmens.

Insgesamt haben 213 Personen an der empirischen Untersuchung teilgenommen. Es wurden jedoch nicht alle Umfrageergebnisse in die Analyse einbezogen, da 65 Studienteilnehmer (ca. 30,5 Prozent) den Fragebogen nicht vollständig ausgefüllt haben. Aus Gründen der Datenkonsistenz werden nachfolgend nur die 148 (69,5 Prozent) vollständig ausgefüllten Fragebögen in die Auswertung einbezogen. Die unvollständigen Fragebögen finden im weiteren Verlauf der Untersuchung keine Berücksichtigung. Die nachfolgend beschriebenen und dargestellten Ergebnisse beziehen sich auf eine Auswahlgesamtheit von 148 vollständig beantworteten Fragebögen.

Zu Beginn der Studie wurde nach der Branchenzugehörigkeit der Unternehmen gefragt, um im Anschluss eine Kategorisierung durchführen zu können. Zunächst wurden die Antworten gesichtet und Angaben aus dem Bereich „Sonstiges", wenn möglich, in die zur Verfügung stehenden Auswahlmöglichkeiten re-kategorisiert (siehe Anhang A). Die Auswertung der Branchenzugehörigkeit (siehe Abbildung 29) ergibt, dass 82% (122) aus dem Bereich Dienstleistung stammen, des Weiteren 9% (13) aus Industrie-Unternehmen, 5% (8) aus dem Bereich Handel, 3% (4) aus dem öffentlichen Sektor und 1% (1) konnte keine Zuordnung vornehmen.

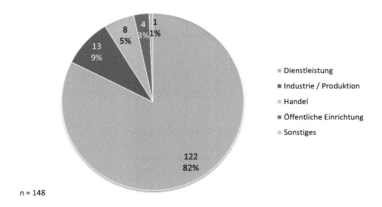

Abbildung 29: Verteilung der Branchenzugehörigkeit der Umfrageteilnehmer
Quelle: Eigene Darstellung

Durch die gezielte Versendung des Fragebogens an Unternehmen aus dem Bereich Dienstleis-tung, wurde erwartungsgemäß erreicht, dass ein Großteil der Umfrageteilnehmer aus dem Bereich stammt. Davon ausgehend kann angenommen werden, dass eine kundenorientierte Sichtweise vorherrscht.

Die Auswertung der Umfrageteilnehmer in Bezug auf deren Position im Unternehmen wird in Abbildung 30 ersichtlich. Demnach ist der Großteil mit 44% (66) der Befragten in einem Angestelltenverhältnis, fast ein Viertel bilden Geschäftsführungsmitglieder mit 26% (38) und 22% (32) sind in einer abteilungsleitenden Funktion. Die Gruppe „Sonstiges" wurde von 7% (10) der Umfrageteilnehmer angegeben (siehe dazu: Anhang B) und 1% (2) sind Student, Auszubildender oder befinden sich in einem Praktikum.

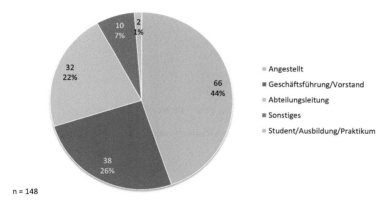

n = 148

Abbildung 30: Position der Umfrageteilnehmer innerhalb des Unternehmens
Quelle: Eigene Darstellung

Die Ergebnisse erlauben die Interpretation, dass die kundenorientierte Sichtweise in nahezu allen Bereichen eines Unternehmens vorhanden ist. Neben den Angestellten, stützt diese Aussage der hohe Anteil der Geschäftsführer bzw. Vorstände und Führungspersonen.

Bezüglich der Unternehmensgröße wird aus der Abbildung 31 ersichtlich, dass jeweils 43% der Befragten aus kleinen Unternehmen stammen (1 bis 50 Mitarbeiter: 64), 28% aus mittle-ren Unternehmen (51 bis 500 Mitarbeiter: 41) und 29% stammen aus Großunternehmen mit mehr als 500 Mitarbeitern (501 und mehr Mitarbeitern: 43). Außerdem wird aus dem Dia-gramm deutlich, dass je größer das Unternehmen, desto mehr Kunden werden verwaltet, z.B.

verfügen 24 der insgesamt 33 Unternehmen mit mehr als 1000 Mitarbeitern über mehr als 5000 Kunden, im Gegensatz dazu hat etwa die Hälfte der kleinsten Unternehmen (1 bis 10 Mitarbeiter) zwischen 1 und 100 Kunden.

Mitarbeiteranzahl im Verhältnis zur Kundenanzahl

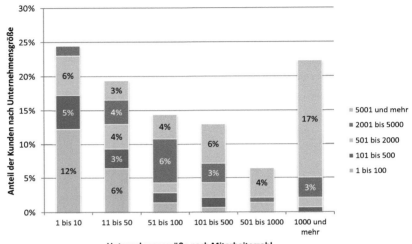

n = 139 (Angaben <= 2% wurden aus der Grafik entfernt)

Abbildung 31: Zusammenhang zwischen Unternehmensgröße und Anzahl der Kunden pro Unternehmen
Quelle: Eigene Darstellung

Eine Unterteilung nach Unternehmensgröße und anteiliger Kundenanzahl wurde vorgenommen, um im Anschluss die Bekanntheit und Relevanz des Themas „Kundenbewertung" für die unterschiedliche Kategorisierung einzuschätzen.

Im nachfolgenden Abschnitt werden die Aussagen in Bezug auf die Umfrageteilnehmer genau betrachtet und ausgewertet.

4.3 Darstellung der Aussagen der Studienteilnehmer und die Beschreibung der Zusammenhänge

Dieses Kapitel analysiert die Aussagen der Umfrageteilnehmer zur Bekanntheit einzelner Bewertungsverfahren sowie zur aktuellen Nutzung von Kundenbewertungen in der Praxis.

Nach Erhebung der charakteristischen Teilnehmer- und Unternehmensdaten wurde nach der Ermittlungsart der Top-Kunden in den Unternehmen gefragt. Dabei wurde festgestellt (siehe Abbildung 32), dass 56,1% der Unternehmen Ihre Top-Kunden nach Umsatz identifizieren und sogar 19,6% keine Ermittlung von Top-Kunden vornehmen. Für 8,1% der Befragten sind langjährige Beziehungen das Kriterium für Top-Kunden, wobei nicht gefragt wurde, ob diese rechnerisch bzw. anhand konkreter Daten (z.B. Tag der ersten Rechnung) ermittelt werden oder auf Einschätzungen der betreuenden Mitarbeiter beruhen. Zu einem gleichen geringen Anteil (8,1%) werden Top-Kunden nach Deckungsbeitrag ermittelt. Die Anzahl der bisherigen Verkäufe ist für 6,8% der Teilnehmer ein Selektionskriterium und nur 1,4% ist die persönliche Kundenbekanntschaft relevant. Insgesamt fällt auf, dass selbst bei den Unternehmen mit über 5000 Kunden der Umsatz das wichtigste Kriterium zur Top-Kunden-Qualifizierung bleibt, als nächstes monetäre Kriterium kommt der Deckungsbeitrag mit nur noch 4,7%.

Anhand welchem Kriterium ermitteln Sie Ihre Top-Kunden?

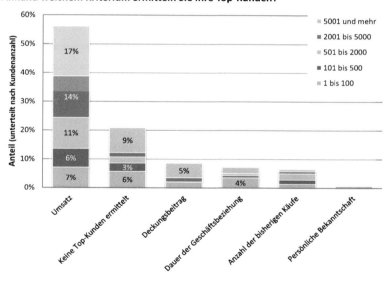

n = 139 (Angaben <= 2% wurden aus der Grafik entfernt)

Abbildung 32: Ermittlung von Top-Kunden nach Kundenanzahl pro Unternehmen
Quelle: Eigene Darstellung

Bei der Auswertung dieser Frage – unter Berücksichtigung der Kundenanzahl – wurde festgestellt, dass über die Hälfte der Unternehmen nach wie vor den Umsatz als Hauptkriterium zur
Top-Kundenermittlung heranziehen. Die Errechnung des Deckungsbeitrages wird bei den
mittelständischen Unternehmen gar nicht vorgenommen. Dies legt die Vermutung nahe, dass
andere, komplexere Kennzahlen oder Bewertungsindizes, bei diesen Unternehmen gar nicht
erhoben werden. Interessant ist, dass ca. 20% der Unternehmen keine Top-Kunden ermitteln
und auch die Ermittlung durch persönliche Bekanntschaften ist vernachlässigbar, selbst bei
Unternehmen mit einem kleinen Kundenstamm (< 100 Kunden). Dies lässt die Vermutung zu,
dass keine engen Beziehungen mit den Kunden gepflegt und diese weitestgehend „anonym"
bedient werden.

Zu Beginn der Befragung wurde weiterhin untersucht, welche Vorteile sich für die Teilnehmer durch die Kundenwertberechnung ergeben bzw. welche Vorteile sie sich erhoffen (falls
noch keine Bewertung durchgeführt wird). Die Abbildung 33 zeigt die Ergebnisse in gleicher
Reihenfolge der Fragen. Es ist erkennbar, dass die Umfrageteilnehmer sich bewusst für einzelne Antwortmöglichkeiten entschieden haben (und nicht nur nach der Reihenfolge der
Antwortmöglichkeiten vorgegangen sind). Die vorgegebenen Antworten wurden zudem um
zwei weitere ergänzt („Präzisere Kundensegmentierung" und „Unternehmenswerterhöhung").

**Welche Vorteile ergeben sich durch eine Kundenwertberechnung bzw.
welchen Nutzen erhoffen Sie sich?**

n = 148 (Mehrfachnennungen möglich)

Abbildung 33: Vorteile der Kundenbewertung
Quelle: Eigene Darstellung

Die Antworten zeigen deutlich, dass primär die Gewinnmaximierung für die Anbieterunternehmen im Vordergrund liegt, gefolgt von der erhöhten Kundenzufriedenheit. Bei diesem Ergebnis zeigt sich, dass das Spannungsfeld zwischen wert- und kundenorientierter Unternehmensführung.[227] Nachfolgend wurden eine geringere Kundenabwanderungsrate sowie eine Verbesserung des Kundenservice als weitere Ziele genannt.

Bei der nächsten Frage mussten die Teilnehmer konkret einschätzen, wie hoch die Potentialausnutzung der bestehenden Kundenbeziehungen ist. Dabei ist es auffällig, dass ähnliche Einschätzungen trotz unterschiedlicher Branchen zustande kamen: Als Mittelwert über die drei Branchen (Dienstleistung, Handel und Industrie/Produktion) wird geschätzt, dass nur die Hälfte des Kundenpotentials genutzt wird (52%). Bei der Aufteilung nach Branche und Position im Unternehmen (beschränkt auf Angestellte, Abteilungsleitung und Geschäftsführungsebene) wird ersichtlich, dass die Angestellten die Potentialnutzung insgesamt höher einschätzen (57%) als Abteilungsleitung (45%) und Geschäftsführung (49%).

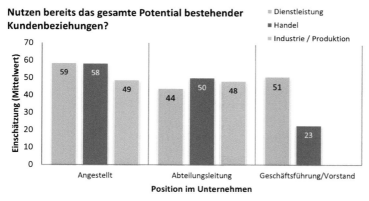

Abbildung 34: Einschätzung des genutzten Potentials bestehender Kundenbeziehungen
Quelle: Eigene Darstellung

---

227 siehe Kapitel 1.4, S. 18 ff.

Trotz der geringen Potentialausnutzung bestehender Geschäftsbeziehungen, ist die Beurteilung des Wissens über die bestehenden Kundenbeziehungen positiv. Die Abbildung 35 verdeutlicht die Ergebnisse auf getroffenen Aussagen:

-   Aussage 1: Es existiert eine realistische Einschätzung der Wirtschaftlichkeit bestehender Kundenbeziehung.
-   Aussage 2: Es werden unprofitable Kunden identifiziert und Maßnahmen eingeleitet.
-   Aussage 3: Vertriebsmitarbeiter nehmen eigene Kunden-Einschätzungen vor ohne auf den tatsächlichen (rechnerischen) Kundenwert Rücksicht zu nehmen.
-   Aussage 4: Es werden (Marketing-)Budgets anhand einer Kunden-Kategorisierung verteilt und genutzt.

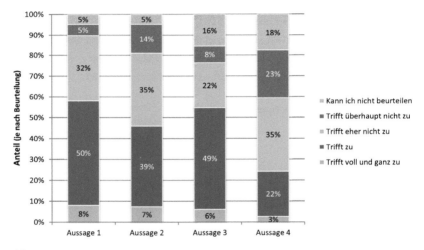

n = 148

Abbildung 35: Beurteilung des Wissens über die bestehenden Kundenbeziehungen
Quelle: Eigene Darstellung

So beurteilt über die Hälfte (58%) aller Befragten, dass eine realistische Einschätzung über die Wirtschaftlichkeit vorliegt und immerhin 46% geben an, dass unprofitable Kunden entsprechend behandelt bzw. Gegenmaßnahmen getroffen werden. Interessant ist, dass selbst Unternehmen, die keine Kundenwertermittlung vornehmen, denken, dass sie zu 68% eine realistische Wirtschaftlichkeitsbetrachtung haben (im Vergleich dazu: Unternehmen, die eine Kundenwertbetrachtung durchführen, unabhängig von deren Bestimmungsverfahren, schätzen die Wirtschaftlichkeitsbetrachtung nur zu 48% realistisch ein). Auffallend ist zudem, dass (Marketing-)Budgets kaum anhand einer Kundenkategorisierung nach Kundenwert verteilt

werden: Nur ein Viertel der Befragten orientieren sich an einer Kategorisierung, nahezu 60%
nutzen eine solche nicht für die Allokation knapper Ressourcen.

Anschließend wurden die Studienteilnehmer gefragt, anhand welcher Kriterien sie den Kun-
denstamm differenzieren bzw. segmentieren (unabhängig der Ermittlung von Top-Kunden).
Wie in Abbildung 36 zu erkennen, nutzt die Mehrheit einfach zu ermittelnde quantitative
Größen (Umsatz), Unternehmensdaten (z.b. Branche, Produkte oder Unternehmensgröße).

**Anhand welcher Kriterien differenzieren / segmentieren Sie Ihre
Kunden?**

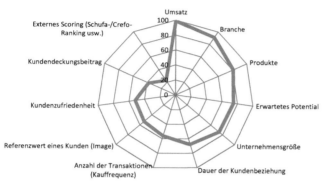

n = 148 (Mehrfachnennungen möglich)

Abbildung 36: Kriterien zur Differenzierung des Kundenstammes
Quelle: Eigene Darstellung

Dieses Ergebnis zeigt, dass nur sehr wenige Unternehmen den Kundendeckungsbeitrag bestimmen bzw. selten komplexe Größen (wie den Referenzwert) nutzen. Diese Aussage bestätigt sich unter anderem durch die Auswertung der Frage nach der Praxistauglichkeit der
verschiedenen Kundenbewertungsmodelle (siehe Abbildung 37).

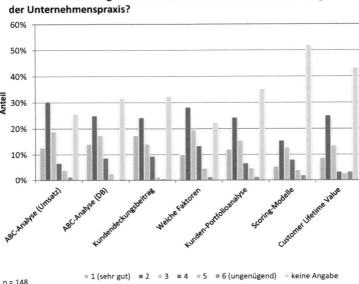

Wie bewerten Sie folgende Methoden zur Kundenwertbestimmung in der Unternehmenspraxis?

n = 148   ■ 1 (sehr gut)   ■ 2   ■ 3   ■ 4   ■ 5   ■ 6 (ungenügend)   ■ keine Angabe

Abbildung 37: Bewertung der Praxistauglichkeit verschiedener Kundenbewertungsmodelle
Quelle: Eigene Darstellung

Hier wird die ABC-Analyse mit 43% am besten bewertet (Note eins bis zwei). Es fällt auf, dass sowohl die Verfahren des Kundendeckungsbeitrages als auch die weichen, also qualitativen Faktoren mit Ergebnissen 38% und 41% als „gut" bis „sehr gut" bewertet werden, obwohl in der vorherigen Frage bestätigt wurde, dass diese Bestimmungsfaktoren nicht zur Kundensegmentierung herangezogen werden. Auch der Customer Lifetime Value wird im Vergleich zu anderen modernen Kundenbewertungsverfahren mit 33% hoch bewertet (Note eins bis zwei). Bei der näheren Betrachtung zeigt sich, dass die Unternehmen mit einem großen Kundenstamm den CLV für praxistauglich halten (42% halten diesen für „gut" bis „sehr gut"), Unternehmen mit weniger Kunden halten dieses Bewertungsverfahren eher für unpraktikabel bzw. ihnen ist das Verfahren nicht bekannt. Eine Erklärung für diese Beobachtung ist, dass das Interesse an einer Kundenbewertung mit zunehmender Kundenanzahl wächst, und dass sich intensiver mit den Modellen und Methoden auseinander gesetzt wird.

Bei dieser Frage ist sehr auffällig, dass je komplexer die Bewertungsmethodik, desto mehr Teilnehmer stimmten mit „keine Angabe". Dies lässt die Interpretation zu, dass den Teilnehmern die komplexen Kundenbewertungsmethoden unbekannt sind und sie diese dadurch nicht auf den praxistauglichen Einsatz bewerten konnten.

Nachdem untersucht wurde, wie die Einschätzung der Kundenbeziehungen in den Unternehmen ist und welche Kriterien für relevant und praxistauglich erachtet werden, wurde die Frage nach der tatsächlichen Nutzung einer Kundenbewertung in der Unternehmenspraxis gestellt. Wie in Abbildung 38 zu sehen, ergibt sich eine ausgeglichene Verteilung: 51% der Unternehmen nutzen ein Kundenbewertungsmodell und 49% nutzen kein Bewertungsverfahren. Hier bestätigt sich die Annahme, dass je größer die Unternehmen (anhand der Kundenanzahl), desto mehr verwenden ein Kundenbewertungsverfahren.

Nutzen Sie Kundenwertberechnungsmodelle in der Praxis?

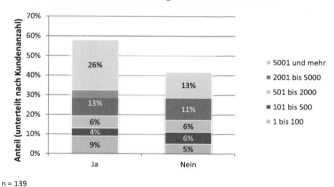

n = 139

Abbildung 38: Nutzung von Kundenbewertungsmodellen in der Praxis
Quelle: Eigene Darstellung

Um die Beweggründe herauszufinden, warum kein Kundenbewertungsmodell angewendet wird, wurden alle Teilnehmer nach den (möglichen) Gründen befragt, den Kundenwert nicht zu ermitteln. Die Abbildung 39 zeigt die Beurteilungen der Aussagen:

Die Stimmen, die „keine Angabe" gewählt haben, wurden nicht gewertet.

Können Sie sich Gründe vorstellen den Kundenwert nicht zu ermitteln?

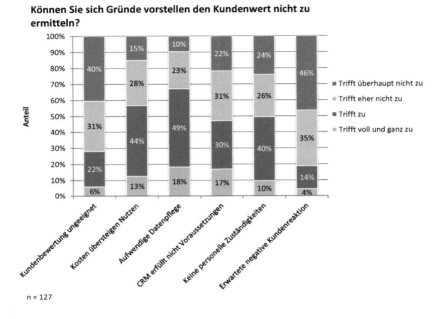

n = 127

Abbildung 39: Gründe, den Kundenwert nicht zu ermitteln
Quelle: Eigene Darstellung

- Kosten übersteigen Nutzen
- Kundenbewertung ist für unser Unternehmen ungeeignet
- Aufwendige Eingabe, Aufbereitung und Pflege der Informationsbasis
- Eingesetzte Kundenbeziehungsmanagement (CRM)-Software erfüllt nicht die Voraussetzungen
- Erwartete negative Kundenreaktion
- Keine personelle Zuständigkeiten im Unternehmen

Die Ergebnisse dieser Beurteilungen zeigen, dass 71% der Befragten eine Kundenbewertung für Ihr Unternehmen grundsätzlich als „geeignet" einstufen, dennoch wird im Hinblick der Wirtschaftlichkeit die Kundenbewertung von 57% in Frage gestellt. Vornehmlich herrscht die Meinung, dass die Kosten den Nutzen übersteigen. Zudem bemängeln 67%, dass die Datenpflege für eine zuverlässige Datennutzung zur Kundenwertbestimmung zu aufwendig sei. Ein weiteres Problem sieht nahezu die Hälfte der Befragten in der mangelnden technischen Unterstützung bei der Verwendung einer CRM-Software: 47% haben die Schwierigkeit bzw. ziehen in Betracht, dass die eingesetzte CRM-Lösung die notwendigen Voraussetzungen für die

Kundenwertberechnung nicht erfüllt. Gleichermaßen sehen 50% der Studienteilnehmer ein Problem darin, dass innerhalb des Unternehmens keine Verantwortlichen existieren bzw. keine Ressourcen geschaffen werden, um eine Kundenwertbestimmung technisch und inhaltlich zu begleiten. Bedenken, dass es aufgrund der Kundenwertbestimmung zu negativen Kundenreaktionen kommen kann, sehen die Befragten kaum – im Gegenteil: 81% sehen darin keinen Grund, den Kundenwert deshalb nicht zu bestimmen.

Auf die Frage, ob im Unternehmen eine CRM-Software genutzt wird beantworten 70% der Befragten mit „ja". Diese CRM-Anwender wurden im Anschluss zu den folgenden CRM-spezifischen Fragen in Bezug auf die Kundenbewertung befragt (siehe Abbildung 40):

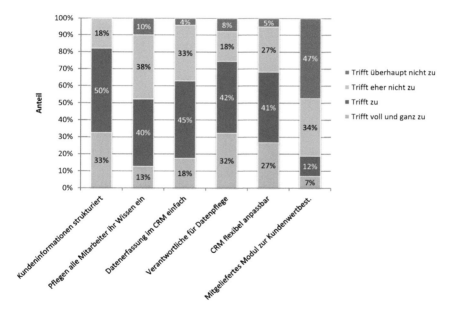

Abbildung 40:CRM-spezifische Fragen in Bezug auf die Kundenwertbetrachtung
Quelle: Eigene Darstellung

- Werden Kundeninformationen systematisch und strukturiert im CRM-System gepflegt und aktualisiert?
- Pflegen alle Mitarbeiter ihr Kundenwissen in das CRM-System ein?
- Ist die Daten-Erfassung im CRM-System einfach und gut zu bedienen?
- Gibt es einen/mehrere Verantwortliche(n) für das Thema Datenpflege?
- Lässt sich das CRM -System flexibel auf die Bedürfnisse / Geschäftsprozesse anpassen?
- Gibt es in der verwendeten CRM-Software bereits ein mitgeliefertes Modul zur Kundenwertberechnung?

In Anbetracht der Ergebnisse wird deutlich, dass die meisten CRM-Nutzer die Voraussetzungen der Daten für die Kundenwertbestimmung positiv einschätzen: So liegen bei 83% die
Kundeninformationen strukturiert vor und 53% denken, dass die Mitarbeiter ihr Wissen über
den Kunden in das CRM-System einpflegen. Allerdings sagen gleichzeitig 48% der Befragten, dass dieses Wissen nicht oder nur teilweise eingegeben wird – und das, obwohl über 60%
der Teilnehmer die Datenerfassung als „einfach" bezeichnen. Hinsichtlich der Datenpflege
existiert bei den Unternehmen, die eine CRM-Software bereits nutzen, in nahezu dreiviertel
der Fälle ein Verantwortlicher. Deutlich ist das Ergebnis bei der Beantwortung der Frage nach
einem mitgelieferten Modul zur Kundenwertbestimmung im CRM-System: Hier geben 81%
an, dass nichts Vergleichbares integriert ist bzw. als Zusatzmodul angeboten wird.

In der letzten Frage beantworteten die Teilnehmer die Frage nach der zukünftigen Entwicklung der Kundenwertbetrachtung in ihrem Unternehmen (siehe Abbildung 41).

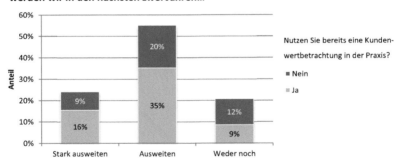

n = 111

Abbildung 41: Zukünftige Entwicklung der Kundenwertbestimmung
Quelle: Eigene Darstellung

Die Aussage der Teilnehmer bestätigt den Trend der Kundenorientierung, oder genauer der
Kunden*wert*orientierung. So geben ca. 80% an das Thema auszuweiten bzw. stark auszuweiten. Interessanterweise geben vor allem die Unternehmen an, die bereits eine Kundenwertbetrachtung durchführen, diese z.T. stark ausweiten zu wollen. Zwar möchten dies auch die
Unternehmen, die bisher keine Kundenbewertung vornehmen, jedoch in einem deutlich
geringeren Maße. Insgesamt geben nur 20% an in den nächsten zwei Jahren keine weiteren

Schritte in diesem Themengebiet zu unternehmen und niemand tätigte die Aussage, die Kundenwertbetrachtung zu reduzieren.

Im Anschluss an die Darstellung der empirischen Studie, erfolgt im nächsten Abschnitt die Gegenüberstellung der Thesen und der Umfrageergebnisse.

4.4   Explizierung der Ausgangsthesen

Das Ziel der Befragung war eine subjektive Einschätzung der Teilnehmer in Bezug auf die praxisorientierte Nutzung von Kundenbewertungsverfahren. Dieses Kapitel stellt die aufgestellten Haupt- und Unterthesen dieser Arbeit im Detail vor und beschreibt welche Fragen in der empirischen Untersuchung angewandt wurden, um die aufgestellten Thesen den Aussagen der Studienteilnehmer gegenüberzustellen.

Die Abbildung 42 gibt einen Überblick, welche Theoriekapitel und welche Fragen der empirischen Studie verwendet wurden, um die aufgestellten Thesen zu prüfen. Die Bezeichnungen der Theoriekapitel und der Fragenbereiche sind zur besseren Übersicht verkürzt dargestellt.

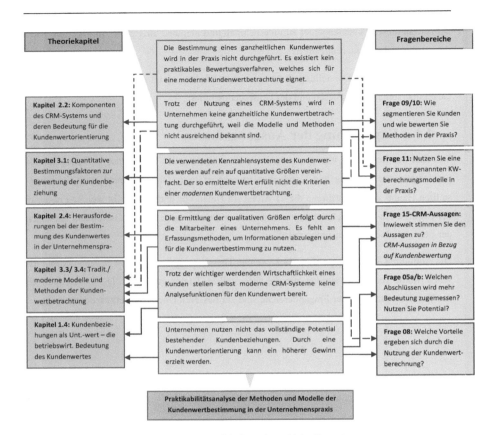

Abbildung 42: Zuordnung der Thesen zu den Theoriekapiteln und den Fragen der empirischen Untersuchung
Quelle: Eigene Darstellung

Die **Hauptthese** dieser Arbeit nennt den Mangel an praktikablen Verfahren zur Bestimmung des Kundenwertes, der per Definition auch qualitative Bestimmungsfaktoren enthält und deshalb als moderne Kundenwertbestimmung bezeichnet wird. Aus dieser Hauptthese leiten sich die Unterthesen ab, die zur Beantwortung führen sollen:

Die **erste Unterthese** besagt, dass in vielen Unternehmen, die auf Grund ihrer kundenorientierten Ausrichtung bereits ein CRM-System einsetzen, die Modelle und Methoden einer ganzheitlichen Kundenwertbetrachtung nicht ausreichend bekannt sind. Aus diesem Grund wird keine moderne Kundenbewertung durchgeführt.

Zur Überprüfung der These wurden die Teilnehmer gezielt gefragt, ob eines der genannten Modelle in der Praxis tatsächlich genutzt wird. Die Frage wurde bereits im Kapitel 4.3 analysiert und in Abbildung 36 veranschaulicht, jedoch ohne die Einschränkung auf Unternehmen, die CRM-Software nutzen. Wird dieses Kriterium einbezogen, ergibt sich folgendes Diagramm, siehe Abbildung 43. Zur genaueren Überprüfung wurde die Darstellung anhand der betreuten Kundenanzahl der Unternehmen dargestellt:

Nutzen Sie Kundenwertberechnungsmodelle in der Praxis?
(Nutzung eines CRM-Systems: ja)

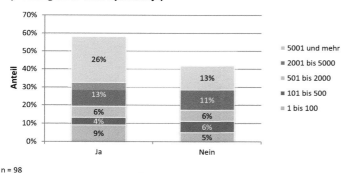

n = 98

Abbildung 43: Nutzung von Kundenbewertungsmodellen in der Praxis beim Einsatz von CRM-Software
Quelle: Eigene Darstellung

Es zeigt sich, dass 58% der Befragten ein Kundenbewertungsmodell anwenden. Dieser Wert erscheint zunächst hoch, eignet sich jedoch noch nicht zur Beantwortung der These.[228] Denn dadurch, dass hier sämtliche Kundenwertverfahren subsumiert wurden, erfüllen einige nicht die Kriterien einer ganzheitlichen, *modernen* Kundenbewertung. Auf Grund dessen muss eine genauere Betrachtung durchgeführt werden: So zeigt das Ergebnis der Frage, anhand welcher Kriterien eine Kundensegmentierung durchgeführt wird (siehe Abbildung 36), dass die befragten Unternehmen hauptsächlich auf die einfach zu ermittelnde quantitative Größe „Um-

---

[228] Jedoch wird deutlich, dass die Kundenanzahl ein entscheidender Faktor für den Einsatz einer Kundenbewertung ist: Je mehr Kunden verwaltet werden, desto wichtiger wird die Bestimmung des Kundenwertes.

satz" zurückgreifen, gefolgt von Basisdaten der Kundenunternehmen, wie Branche oder Unternehmensgröße. Noch deutlicher wird das Ergebnis im Hinblick auf die Frage nach der Top-Kundenermittlung bei Nutzern eines CRM-Systems, die gleichzeitig die Frage nach der Nutzung eines Kundenwertberechnungsmodells mit „ja" beantwortet haben (Abbildung 44).

Ermittlung der Top-Kunden (inkl. Nutzung von CRM und Kundenwertberechnungsmodell in der Praxis)

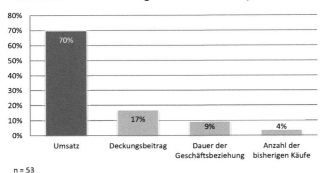

n = 53

Abbildung 44: Top-Kundenermittlung bei CRM-Nutzern, die ein Kundenwertberechnungsmodell anwenden
Quelle: Eigene Darstellung

Auch hier zeigt sich, dass die angewandte Kundenbewertung zu 70% mittels des Umsatzes getätigt wird. Wobei die ABC-Analyse lediglich zeigt, welcher Anteil z.B. am Gesamtumsatz auf welche Kunden entfällt und somit eher eine Segmentierung statt einer Bewertung darstellt. Aus diesem Grund wird bei näherer Betrachtung deutlich, dass eine Kundenwertbe-rechnung im modernen Sinne, also mit Einbezug qualitativer Faktoren, oder in Kombination des aussagekräftigeren Kundendeckungsbeitrags kaum durchgeführt wird. Durch diese Er-gebnisse konnte die erste These verifiziert werden.

Dieses Ergebnis deutet weiterhin auf die Verifizierung der **zweiten Unterthese** hin, die besagt, dass die verwendeten Kennzahlen zur Kundenwertbestimmung in der Praxis auf quantitative Größen vereinfacht werden. Zur genauen Überprüfung wurden die Studienteil-nehmer zur Praktikabilität der verschiedenen Kundenwertmethoden befragt. Diese wurden per Schulnotensystem bewertet. Nachfolgend werden die gezeigten Ergebnisse (siehe Abbildung 37) noch einmal aufgegriffen und um die Einsatzhäufigkeit der Bewertungsverfahren erweitert: Es erstaunt nicht, dass die traditionellen Verfahren häufiger durchgeführt werden. Die Abbildung 45 zeigt deutlich die unterschiedliche Nutzung:

Bewertung der Methoden zur Kundenwertbestimmung [Balken] im Vergleich zur Einsatzhäufigkeit [Linien]

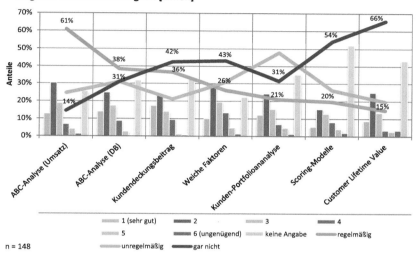

Abbildung 45: Bewertung der Kundenwertbestimmungsverfahren im Vergleich zur Einsatzhäufigkeit
Quelle: Eigene Darstellung

Demnach nutzen 61% die ABC-Umsatzanalyse regelmäßig. Die modernen Verfahren, wie der CLV, werden nur von 15% genutzt – weitaus höher liegt jedoch die Zahl derer, die diese Kennzahl gar nicht ermitteln mit 66%. Ergänzend lässt sich sagen, dass die traditionellen Kundenwertverfahren als praxistauglich eingestuft werden, die modernen Verfahren jedoch weitaus unbekannter sind.[229] Durch diese Auswertung konnte die zweite Unterthese belegt

---

[229] Dies wird vor allem deutlich, durch die hohe Anzahl der Befragten, die als Antwortmöglichkeit „keine Angabe" gewählt haben. So zeigt sich, dass die ABC-Analyse von insg. 110 Leuten bewertet wurde (25% mit „keine Angabe"), hingegen wurde der Customer Lifetime Value nur von etwa 84 der Befragten bewertet (43% mit „keine Angabe" – bei denen, die bisher keine Kundenbewertung vornehmen gar von 64%).

werden und bestätigen, dass moderne Verfahren zur Kundenwertbestimmung weniger bekannt sind und entsprechend seltener eingesetzt werden.[230]

Die **dritte Unterthese** besagt, dass eine strukturierte und standardisierte Erfassung der Informationen für die Kundenwertbestimmung, die es den Mitarbeitern ermöglicht, ihr Wissen
über den Kunden in Form von qualitativen Größen in das CRM-System zu überführen, fehlt.
Zur Überprüfung dieser Unterthese wurde die Frage 15 entwickelt, die die Beurteilung mehrerer Aussagen beinhaltet (siehe Abbildung 40). Zur Überprüfung dieser These kommen die
Aussagen der Unternehmen in Betracht, die bereits eine CRM-Lösung nutzen. Die Ergebnisse
zeigen, dass die Kundeninformationen durchaus strukturiert erfasst werden und dass die
Datenerfassung überwiegend als „einfach" gewertet wird.[231] Immerhin 53% der CRM-Nutzer
geben an, dass das Wissen über den Kunden gepflegt wird.[232] Diese Aussagen widerlegen die
dritte These und zeigen, dass die im Einsatz befindlichen CRM-Lösungen mit der zentralen
Datenbasis eine gute Ausgangssituation für den Zugriff auf aktuelle und gepflegte Kundeninformationen liefern.

Die **vierte These** nennt eines der Kernprobleme der mangelnden modernen Kundenwertbetrachtung. Dadurch, dass selbst moderne CRM-Systeme keine Analysefunktionen für die
Berechnung eines Kundenwertes liefern, werden rein quantitative Bestimmungsfaktoren
genutzt bzw. auf die Kundenwertbetrachtung gänzlich verzichtet. Diese These wird belegt
durch die Frage nach einem integrierten Modul zur Kundenwertberechnung innerhalb des
verwendeten CRM-Systems. Wie bereits im Kapitel 4.3 genannt, bestätigen 84% der CRM-
Nutzer, dass ein solches Modul nicht zur Verfügung steht.

---

[230] Es bestätigen sich zudem die Ergebnisse der zuvor herangezogenen Studie (siehe Abbildung 27, S. 81), dass
vornehmlich monokriterielle Verfahren in der Unternehmenspraxis regelmäßig verwendet werden.

[231] Gleichzeitig halten jedoch 65% der CRM-Nutzer die Datenpflege für „aufwendig".

[232] Diese Frage wurde jedoch nicht detaillierter gestellt, so dass in diesem Fall keine Rückschlüsse auf den Umfang
der Datenerfassung gemacht werden können. So bleiben offen, welche Daten, insb. qualitative Bestimmungsfaktoren, von den Nutzern der CRM-Software erfasst werden und für Kundenbewertungen zur Verfügung stehen.

Die **fünfte These** bezieht sich auf die verbesserte Ausschöpfung bereits vorhandener Geschäftsbeziehungen durch eine Kundenwertbetrachtung und die damit einhergehende verbesserte Wirtschaftlichkeit des Unternehmens. Wie bereits in Abbildung 33 dargestellt, streben die meisten Unternehmen durch die Kundenwertbetrachtung eine Gewinnmaximierung sowie eine Senkung der Kundenabwanderungsrate, die letztlich ebenfalls zu einer Gewinnmaximierung[233] führt, an. Die Umfrageergebnisse zeigen, dass dem Neukundengeschäft eine höhere Bedeutung (32%) zugemessen wird als dem Bestandskundengeschäft (14%) und das, obwohl die Potentialausschöpfung der bestehenden Kundenbeziehungen im Durchschnitt auf nur 53% geschätzt wird – insofern diese überhaupt bestimmt wird (39% geben an, dass Bestandskunden nicht oder nur unzureichend auf Ihr Potential untersucht werden (siehe Abbildung 46). Es in Folge dessen möglich, die bestehende Kunden wirtschaftlich besser zu „nutzen", vor allem durch die verbesserte Pflege von *profitablen* Kunden, bei einer gleichzeitigen Verringerung der Kosten, bspw. bei der Neukundenakquise. Die fünfte These wurde somit durch die Aussagen der Studienteilnehmer verifiziert.

Welche Bedeutung hat die Pflege von bestehenden Kundenbeziehungen im Vergleich zur Neukundengewinnung?

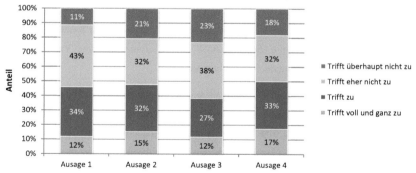

---

[233] „Bei einer Senkung der Abwanderungsrate um nur fünf Prozent kann der Gewinn um bis zu 85 Prozent gesteigert werden.", Holland, H.: CRM erfolgreich einsetzen. *Warum Projekte scheitern und wie sie erfolgreich werden*, Businessvillage Verlag, Göttingen 2004, S. 48

Abbildung 46: Bedeutung von Neukunden- und Bestandskundengeschäft
Quelle: Eigene Darstellung

- Aussage 1: Neukundengewinnung ist aus vertrieblicher Sicht wichtiger als die Bestandskundenpflege
- Aussage 2: Provisionierung/Anreizsysteme der Mitarbeiter sind auf Neukundengewinnung ausgerichtet
- Aussage 3: Bestehende Kundenbeziehungen werden nicht auf Ihr Potential untersucht
- Aussage 4: Marketing-Ausgaben werden weniger in die Bestandskundenpflege investiert als in die Neukundengewinnung

4.5 Interpretation der Ergebnisse zu den Ausgangsthesen

Die vorgenommene empirische Untersuchung hat das Ziel die Bekanntheit von Methoden und Modellen der Kundenwertbestimmung sowie deren Praktikabilität im Unternehmenseinsatz zu ermitteln. Dieses Kapitel wird die ermittelten Ergebnisse interpretieren und die Gründe für das Zustandekommen der Ergebnisse in Ansätzen erklären. Die Interpretation der Ergebnisse sowie deren Ableitung in praktikable Bestandteile und Verfahren zur Kundenwertbestimmung dienen der späteren Erstellung eines Modells zur Kundenbewertung.

Die Ergebnisse der empirischen Studie haben gezeigt, dass bereits 50% der Unternehmen zwar eine Art der Kundenbewertung anwenden, jedoch meist vereinfacht auf Verfahren mit quantitativen, nicht-aussagekräftigen Umsatzwerten. Diese sogenannten traditionellen Verfahren (z.B. ABC-Analyse) finden regelmäßige Anwendung. Die modernen Kundenbewertungsverfahren (z.B. Portfolioanalyse, Scoringmodell oder Customer Lifetime Value) hingegen sind dem Großteil der Studienteilnehmer unbekannt.

Jedoch ist zu erkennen, dass sich die Unternehmen, die bereits eine Kundenbewertung nutzen, intensiv mit diesem Thema auseinander gesetzt haben: Sind es bei den Unternehmen ohne Kundenwertbestimmung rund 61% der Teilnehmer, die moderne Verfahren nicht bewerten konnten, so sind es bei den Unternehmen, die eine Kundenbewertung nutzen, nur noch 14%. Von den Befragten, die bereits eine Kundenbewertung durchführen, bewerten 22% die modernen Verfahren mit einer Note zwischen „gut" bis „sehr gut". In Einbezug der Frage nach der Häufigkeit der Anwendung zeigt sich allerdings auch, dass nur 16% der Befragten eine Kundenbewertung nach dem CLV-Modell regelmäßig anwenden und 13% ermitteln ihre Top-Kunden mit Hilfe des Umsatzes, obwohl ein CLV bestimmt wird.

Hier wird deutlich, dass es an der Umsetzung in der Unternehmenspraxis noch mangelt. Gründe dafür könnten sein, dass die Modelle und Methoden in den Unternehmen noch nicht etabliert sind, bspw. durch die geringe Nachvollziehbarkeit der Ergebnisse und Ungenauigkeiten, hervorgerufen durch unbekannte Größen in der Berechnung bzw. eine fehlerbehaftete Quantifizierung. Die Annahme wird gestützt durch die niedrige Bewertung der „weichen Faktoren": Wie aus Tabelle 6 ersichtlich, wurden zwar die Noten von eins bis zwei relativ häufig vergeben (38%), gleichzeitig zeigt sich jedoch, dass die Noten von vier bis sechs im Vergleich zur Grundgesamtheit überdurchschnittlich oft vergeben wurden. Die qualitativen Faktoren wurden somit am schlechtesten bewertet.

Tabelle 6: Bewertung der „Weichen Faktoren"
Quelle: Eigene Darstellung

Note	Standardabweichung (Grundgesamtheit)
1 (sehr gut)	100,4%
2	92,4%
3	91,8%
4	117,0%
5	104,6%
6 (ungenügend)	159,3%

Ein weiterer Grund für die seltene Anwendung moderner Kundenbewertungsmodelle könnte auch damit zusammenhängen, dass, wie in Kapitel 4.3 beschrieben, 68% der Studienteilnehmer, die keine Kundenbewertung vornehmen, die Wirtschaftlichkeit ihrer bestehenden Kundenbeziehungen als realistisch einschätzen und auf Grund dessen die Notwendigkeit nicht sehen. Dazu kommt, dass etwa die Hälfte der Befragten (48% derer, die Kundenbewertung vornehmen und 49% der Befragten, die keine Kundenbewertung nutzen) angeben, dass die Kosten den Nutzen übersteigen. Dies deutet daraufhin, dass die implementierten Verfahren zu aufwendig sind und somit zu kostenintensiv. Ein weiterer Grund könnte sein, dass die Ergebnisse der Kundenbewertung nicht konsequent genutzt werden und somit z.B. eine Verringerung der Marketingkosten auf Grund selektiver Kundenansprache, je nach Kundenwert, nicht stattfindet.

In Anlehnung an die dritte These wurde festgestellt, dass die Unternehmen die Kundendaten in den genutzten CRM-Systemen grundsätzlich positiv bewerten. Nach den Aussagen der Befragten liegen Kundeninformationen strukturiert vor (83%) und es existieren bei 68% der Unternehmen Verantwortliche für die Datenpflege. Doch selbst, wenn über die Hälfte erklären, dass die Mitarbeiter ihr Wissen über die Kunden in das CRM-System einpflegen, so schätzen immerhin 48% der Befragten, dass dieses Wissen „eher nicht" bis „überhaupt nicht" eingepflegt wird. Ein ähnliches Ergebnis zeigt sich bei der Datenerfassung. Diese wird von den meisten als „einfach" bewertet, gleichzeitig nennen 37% das Gegenteil. Insbesondere weil nahezu kein CRM-System ein Kundenbewertungsmodul beinhaltet (81% stellen keines zur Verfügung), gilt es hier darauf zu achten, dass ein zu implementierendes Kundenbewertungsverfahren für die Mitarbeiter einfach anzuwenden und nachvollziehbar ist.

Trotz der Beurteilung, dass die Kosten den Nutzen einer Kundenbewertung übersteigen, möchten 80% die Bewertung und Nutzung von Kundenwerten forcieren (23% sogar „stark ausweiten"). Die auffallende Diskrepanz verdeutlicht, dass der Nutzen der Kundenbewertung den Unternehmen zwar bewusst, jedoch schwierig zu erfassen ist. Vor allem scheint die Höhe des wirtschaftlichen Gewinnpotentials als auch das resultierende Einsparpotential nicht bekannt zu sein.

Zusammenfassend lässt sich sagen, dass traditionelle Verfahren die weiteste Verbreitung haben und am sinnvollsten für den praktikablen Einsatz im Unternehmen erachtet werden. Zu diesen Verfahren gehören die ABC-Analyse nach Umsatz oder Deckungsbeiträgen, sofern diese errechnet werden. Zumal die Umsätze und teilweise die Kundendeckungsbeiträge als Grundlage zur Bewertung in den Unternehmen zur Verfügung stehen, bilden diese eine wichtige Basis für das nachfolgende Kundenbewertungsmodell.

Des Weiteren gilt es das Kundenbewertungsmodell für den Anwender einfach zu gestalten, so dass es nachvollziehbar ist und durch die Kundenbetreuer mit möglichst vielen qualitativen Informationen ergänzt wird. Dem Anwender muss deutlich werden, dass sein Wissen, welches in die Bestimmung des Kundenwertes einfließt, maßgeblich zum Erfolg der Kundenbewertung beiträgt, und dass daraus ein Vorteil generiert wird: Ein Verkäufer sieht zum Beispiel, wer seine wichtigsten Kunden sind und kann sich auf diese fokussieren und profitiert durch eine langlebige, profitable Geschäftsbeziehung und durch entsprechende Provisionssysteme, die Cross-Selling oder Weiterempfehlung einbeziehen. So entsteht eine Win-win-Situation auf Seiten des einzelnen Mitarbeiters, aber auch auf Unternehmensebene und vor allem auf Kundenseite.

Ergänzend dazu sollte das Kundenbewertungsmodell über einen modularen Aufbau verfügen. Dadurch wird erreicht, dass das Verfahren nicht auf gewisse Bestimmungsfaktoren beschränkt ist, denn – wie aus der empirischen Studie ersichtlich –, sind die Unternehmen unterschiedlich weit, was die Kundenbewertung und deren Komplexität angeht. So gibt es

Unternehmen, die noch keine Bewertung durchführen und denen nur wenige Bestimmungsgrößen zur Verfügung stehen und andere Unternehmen, die bereits Verfahren nutzen und diese weiter ausbauen möchten. Das heißt, um den langfristigen Erfolg eines Kundenbewertungsverfahrens sicherzustellen, muss es flexibel anpassbar sein.

Das nachfolgende Kapitel beschreibt die Vorgehensweise zur Entwicklung eines bedarfsgerechten Modells zur Kundenwertbestimmung, der dazugehörigen Kennzahlenermittlung und der Zusammenstellung eines praktikablen und modernen Ansatzes zur Kundenbewertung.

5 Projektierung der Untersuchungsergebnisse und Entwicklung einer Methode zur Berechnung des Kundenwertes

Im theoretischen Teil dieser Arbeit wurden die Grundlagen für die Kundenwertermittlung vorgestellt. Dazu gehören die Kundenzufriedenheit, der CRM-Gedanke mit CRM-System als Instrumentalisierung zur Ermittlung der Bestimmungsfaktoren sowie die Vorstellung der verschiedenen Modelle und Methoden zur Kundenwertbestimmung.

Zur Ermittlung eines aktuellen Status im Bereich der Kundenwertbetrachtung in der Unternehmenspraxis wurde eine Umfrage durchgeführt und die Ergebnisse ausgewertet.

Die theoretischen Grundlagen zusammen mit den Ergebnissen der Explizierung und Interpretation der empirischen Studie werden nachfolgend genutzt, um eine praktikable und moderne Kundenbewertungsmethode zu erstellen.

5.1 Beschreibung des Vorgehens zur Entwicklung einer Kundenbewertungsmethode

Die Entwicklung einer Kundenbewertungsmethode unterliegt zahlreichen Anforderungen, die in dieser Arbeit aus dem theoretischen Wissen stammen, größtenteils aber durch die empirische Untersuchung beeinflusst werden.

Da es das Ziel ist, eine praktikable Methode zu entwickeln, wird sich an den Ergebnissen der Umfrage orientiert. Das entwickelte Modell soll durch einen Großteil der Unternehmen genutzt werden können, indem es auf vorhandene Größen als Bestimmungsfaktoren basiert und diese um qualitative Elemente anreichert. Der errechnete Kundenwert erfüllt dadurch die Kriterien einer modernen Kundenwertbetrachtung.

Die Zielstrukturierung erfolgt in fünf Schritten: Zunächst werden im ersten Schritt die Rahmenbedingungen und das Grundkonzept hergeleitet. Anschließend erfolgt die Auswahl der quantitativen Bestimmungsfaktoren inklusive der Ermittlung des Kundendeckungsbeitrages. Danach werden die qualitativen Bestimmungsfaktoren identifiziert, die Zusammenhänge der Bestimmungsfaktoren festgelegt und zu einem kompletten Kennzahlensystem konsolidiert (siehe Abbildung 47).

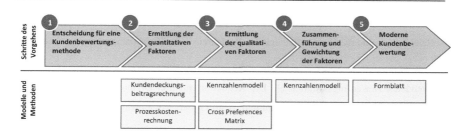

Abbildung 47: MaPra-Vorgehensmodell zur Entwicklung einer modernen Kundenbewertung
Quelle: Eigene Darstellung

Das *MaPra-Vorgehensmodell* wird in den nachfolgenden Kapiteln anhand einer beispielhaften Kundendatenbank entwickelt. Das Ziel ist ein Formblatt, welches in tabellarischer Form angelegt ist und mit Hilfe von Benutzereingaben den individuellen Kundenwert berechnet. Ein solches Formblatt hat den Vorteil, dass der jeweilige Anwender selbständig den Detaillierungsgrad bestimmen kann, anhand der Daten, die ihm über den Kunden bekannt sind bzw. die mit Hilfe der CRM-Datenbank und der Warenwirtschaft zur Verfügung stehen. Das Formblatt ermöglicht so eine schnelle und gleichzeitig praktikable Handhabung.[234]

Das Grundkonzept der Kundenbewertungsmethode

Da das Ziel die Erstellung einer modernen Kundenbewertungsmethode ist, gilt es sowohl quantitative als auch qualitative Bestimmungsfaktoren zu verwenden. Die Dimensionierung des Grundmodells erfordert somit ein multikriterielles Bewertungsverfahren. Folglich sind die drei Verfahren zu diskutieren:

Das *Customer Lifetime Modell* als multikriterielles Verfahren zu betrachten, ist nur dann korrekt, wenn davon ausgegangen wird, dass neben dem Kundenkapitalwert auch qualitative Faktoren einbezogen werden. Auf Grund der Zielsetzung wird sich hier gegen das CLV-

---

[234] Aus Gründen der Praktikabilität und der Benutzerfreundlichkeit wird die Tabellenkalkulationssoftware „Microsoft Excel 2007" verwendet. Durch die weite Verbreitung und die Möglichkeit aus den meisten CRM-Lösungen einen Datenexport nach Excel zu erstellen, wurde sich für diese Umsetzung entschieden.

Modell entschieden, da die Unsicherheit der Ergebnisqualität sowie die mangelhafte Nachvollziehbarkeit und die Verständlichkeit des Verfahrens[235] der Zielsetzung widersprechen.

Die *Portfolioanalyse* bildet Kunden in zwei oder drei Dimensionen unabhängig von den verwendeten Bewertungskriterien ab. Die Reduktion auf drei Dimensionen beschränkt den Detaillierungsgrad sowie die Flexibilität und ist auf Grund dessen nicht zielkonform.[236]

Scoringmodelle verwenden eine unbestimmte Anzahl von Bestimmungsfaktoren, die darüber hinaus frei definierbar sind. Durch die unterschiedliche Gewichtung können viele Faktoren berücksichtigt und ein beliebig hohes Maß an Granularität einzelner Bewertungsfaktoren erreicht werden. Zudem bieten Scoringmodelle ein hohes Maß an Flexibilität, so können nachträglich weitere Kennzahlen in die Bewertung integriert werden. Als Nachteil des Verfahrens wird in der Literatur oftmals die Subjektivität des Modells kritisiert, da es zu Fehlinterpretationen bzw. Bewertungsschwankungen kommen kann, die auf Grund unterschiedlicher Sichtweisen der Bewertenden entstehen. Es empfiehlt sich daher der Einsatz einer methodengestützten, statt einer rein subjektiven Bewertung zusammen mit Heuristiken, die diesen Nachteil abschwächen. Darüber hinaus muss das Modell einer laufenden Verbesserung unterliegen, basierend auf den gewonnenen Erkenntnissen. Auf Grund der Anpassungsfähigkeit und der Erweiterbarkeit dieses Verfahrens wird sich in dieser Arbeit für ein Scoringmodell entschieden.

Die Bestimmungsfaktoren als Kennzahlensystem

Durch die Wahl des Scoringmodells als Grundkonzept können die Anforderungen, die als Ergebnisse der empirischen Studie interpretiert wurden, vollständig umgesetzt werden. Die hohe Flexibilität und der damit einhergehende mögliche Detaillierungsgrad sorgen dafür, dass die Kundenbewertungsmethode gemäß den Bedürfnissen des jeweiligen Unternehmens angepasst werden kann.

---

[235] siehe Bewertung der Customer Lifetime Value-Methode: Kapitel 3.4, S. 68 ff.

[236] siehe Bewertung der Portfolioanalyse: Kapitel 3.4, S. 69 ff.

Die ermittelten Anforderungen an die praktikable Kundenbewertungsmethode sind in Abbildung 48 zusammengefasst dargestellt:

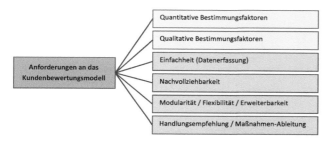

Abbildung 48: Anforderungen an das Kundenbewertungsmodell
Quelle: Eigene Darstellung

Das zu entwickelnde Kundenbewertungsverfahren hat den Anspruch die quantitativen und qualitativen Bestimmungsfaktoren zusammenzuführen, aber dennoch transparent zu sein, damit der Anwender versteht, wie sich die Kennzahl „Kundenwert" zusammensetzt. Aus diesem Grund gilt es gewisse Rahmenbedingungen zu berücksichtigen:

Die verwendeten Bestimmungsfaktoren sind klar voneinander abzugrenzen, dadurch erkennt der Anwender, welche Kunden-Informationen ihm bekannt sind und kann diese den entsprechenden Größen des Kennzahlensystems zuordnen.

Des Weiteren soll das Ergebnis „Kundenwert" einen aussagekräftigen Wert besitzen. Nur so lässt sich eine Vergleichbarkeit der einzelnen Kunden herstellen und entsprechende Maßnahmen zur Behandlung des Kunden ableiten. Deshalb werden alle verwendeten Bestimmungsfaktoren pyramidenförmig aggregiert, dabei bilden die quantitativen Größen den *Basiswert* und ergänzend dazu werden die qualitativen Größen eingerechnet (*Ergänzungsgrößen*). Der Kundenwert stellt die oberste Ebene des Kennzahlensystems dar. Ein Vorteil dieses Aufbaus ist, dass auch die Kennzahlen der Zwischenebenen auswertbar und Teilanalysen möglich sind. Die Abbildung 49 zeigt den Grundaufbau des Scoringmodells.

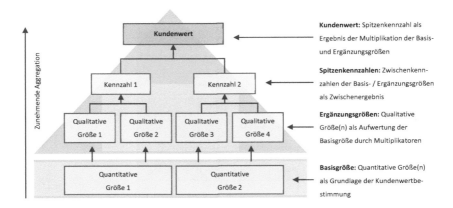

Abbildung 49: Schematisches Grundkonzept des hierarchischen Kundenwertmodells
Quelle: Eigene Darstellung

Gemäß dem schematischen Aufbau werden die folgenden Bestimmungsfaktoren zugewiesen (siehe Abbildung 50). Diese Unterteilung erlaubt eine logische Trennung und hilft, das Bewertungssystem nachvollziehbar zu gestalten.

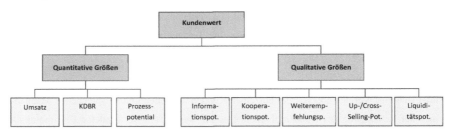

Abbildung 50: Zusammenstellung der Bestimmungsfaktoren: 1. Stufe des Kundenbewertungsmodells
Quelle: Eigene Darstellung

5.2   Zusammenstellung und Ermittlung der quantitativen Bestimmungsfaktoren

Die Kundenbewertungsmethode verwendet, die pro Unternehmen zur Verfügung stehenden quantitativen Bestimmungsfaktoren bzw. *einen* quantitativen Faktor als Grundlage der Bewertung, das heißt den Umsatz oder den Kundendeckungsbeitrag in Anlehnung an Kapitel 3.1.[237]

Dies geschieht aus folgendem Grund: Die empirische Studie hat ergeben, dass weit über die Hälfte der Unternehmen den Umsatz als Kennzahl verwenden, sowohl zur Segmentierung der Kunden als auch zur Ermittlung der Top-Kunden. Insbesondere weil dieser ohne weiteren Aufwand zu ermitteln ist, da er im Rechnungswesen erfasst ist. Dennoch bleibt der Umsatz eine Größe mit geringem oder teilweise falschem Aussagegehalt (im Hinblick auf die Wirtschaftlichkeit eines Kunden). Auf Grund dessen kann in der Bewertungsmethode optional oder substitutiv der Kundendeckungsbeitrag verwendet werden, um das Kundenwertergebnis zu verbessern. Das ist davon abhängig, ob das jeweilige Unternehmen die Kosten pro Kunden bestimmen kann – einen Ansatz zur Kostenermittlung wird nachfolgend vorgestellt. Im weiteren Verlauf dieser Arbeit werden mit Hilfe der Deckungsbeitragsrechnung die kundenseitigen Kosten in Verbindung mit der Prozesskostenrechnung ermittelt. Der resultierende Kundendeckungsbeitrag wird als Basisgröße des Kundenwertes verwendet.

Verursachungsgerechte Kostenermittlung mit Hilfe der Prozesskostenrechnung

Die kundenorientierte Erfolgsermittlung unter Anwendung der Prozesskostenrechnung erfolgt anhand eines Beispiels. Die nachfolgende Kostenermittlung wird exemplarisch für den typischen Prozesses „Bestandskundentermin" eines Dienstleistungsunternehmen durchgeführt: Es wird davon ausgegangen, dass pro „A-Kunde" ein Besuch im Monat durch den jeweiligen Vertriebsmitarbeiter stattfindet. Dazu wird gemäß der beschriebenen Vorgehensweise[238] eine Tätigkeitsanalyse durchgeführt und für die einzelnen Schritte die Prozessbezugsgrößen be-

---

[237] Ergänzend oder substitutiv kann an dieser Stelle der CLV einbezogen werden, wenn dieser bestimmbar ist, bspw. auf Grund vieler vertraglich basierender Kundenbeziehungen (z.B. Mobilfunkanbieter). Wie oben beschrieben wird in dieser Arbeit jedoch, wegen der mangelnden Praktikabilität auf den Einbezug dieser Größe verzichtet.

[238] siehe Kapitel 3.1, S. 56 ff.

stimmt. Diese werden unterteilt nach leistungsmengenindiziert (lmi) und leistungsmengen-neutral (lmn) (siehe Tabelle 7):

Tabelle 7: Kategorisierung der Tätigkeiten und Ermittlung der Prozessbezugsgrößen
Quelle: Eigene Darstellung

Eltern-prozess	Sub-prozesse	Tätigkeiten	Kosten-stellen	Bezugsgrößen (Kostentreiber)	Typ	Koeffi-zient	Dauer in Min.
Prozess 1: Bestandskundenpflege	Subprozess 1: Vorbereitung	Kunden selektieren	Vertrieb	# Kunden	lmi	1	20
		Terminabstimmung mit Kunde	Vertrieb	# Telefonate	lmi	3	5
		Informationen sichten in Kunden-akte/-historie	Vertrieb	# Kundenaktivitäten	lmi	1	20
		Route zum Kunden planen	Vertrieb	# Kunden	lmi	1	10
	Subprozess 2: Durchführung	Kundentermin durchführen	Vertrieb	# Kunden	lmi	1	80
		Kundenbesuch dokumentieren	Vertrieb	# Seiten	lmi	1	30
		Angebot erstellen	Vertrieb	# Rechnungspositionen	lmi	3	10
	Subprozess 3: Nachbereitung	Nachbereitung des Termins und Einpflege in Kundenhistorie	Vertrieb	# Seiten	lmi	1	15
		Rechnung über Nachverkäufe erstellen	Vertrieb	# Rechnungspositionen	lmi	3	15
		After-Sales-Telefonat mit Kunden	Vertrieb	# Telefonate	lmi	2	10
		Provision eintragen	Vertrieb	# Rechnungspositionen	lmi	1	10

Nachdem die Tätigkeiten der Subprozesse erfasst sind, erfolgt die genaue Ermittlung der Prozesskosten für den Bestandskundentermin mit einem angenommenen Stundensatz von 80 € pro Vertriebsmitarbeiter (siehe Tabelle 8):

Tabelle 8: Prozesskostenrechnung eines Bestandskundentermins
Quelle: Eigene Darstellung

Aktivität	Prozess		
	Koeffizient	Dauer in Min	Kosten
Subprozess 1: Vorbereitung			
Kunden selektieren	1	20	26,67 €
Terminabstimmung mit Kunde	3	10	40,00 €
Kundeninformationen sichten in Kundenak-te/-historie	1	20	26,67 €
Route zum Kunden planen	1	10	13,33 €
Summe		**65**	**80,00 €**
Subprozess 2: Durchführung			
Termin beim Kunden durchführen	1	80	106,67 €
Kundenbesuch dokumentieren	1	30	40,00 €
Angebot erstellen	3	10	40,00 €
Summe		**120**	**160,00 €**
Subprozess 3: Nachbereitung			
Nachbereitung des Termins und Einpflege in Kundenhistorie	1	15	20,00 €
Rechnung über Nachverkäufe erstellen	3	10	40,00 €
After-Sales-Telefonat mit Kunden	2	10	26,67 €
Provision eintragen	1	10	13,33 €
Summe		**45**	**60,00 €**

Für die Ermittlung des Umlagesatzes wird anschließend eine Prozessanalyse des gesamten Bereiches „Vertrieb" aufgelistet und deren Kostentreiber bestimmt (siehe Tabelle 9):

Tabelle 9: Prozessanalyse und Bestimmung der Kostentreiber
Quelle: Eigene Darstellung

Prozesse	Typ	Bezugsgrößen (Kostentreiber)
Prozess 1: Bestandskundenpflege	lmi	Anzahl der Kunden
Prozess 2: Kampagnenmanagement	lmi	Anzahl Kampagnen
Prozess 3: Vertriebsveranstaltungen	lmi	Anzahl Veranstaltungen
Vertriebssteuerung	lmn	?

Für die leistungsmengeninduzierten Prozesse werden die Kosten, die mit Hilfe der Prozesskostenrechnung auf Prozessebene durchgeführt wurden, eingetragen (die Werte für die Prozesse „Kampagnenmanagement" und „Vertriebsveranstaltungen" wurden angenommen, der Wert für den Prozess „Bestandskundenpflege" wurde durch die oben aufgeführte Rechnung bestimmt und auf eine Prozessmenge von jährlich 650 Terminen errechnet; siehe Tabelle 10):

Tabelle 10: Ermittlung der Gesamtprozesskostensätze pro Prozess
Quelle: Eigene Darstellung

Prozesse	Prozess-kosten	Prozess-mengen	Prozesskosten (lmi)	Umlage-satz (lmn)	Gesamtprozess-kostensatz
Prozess 1: Bestandkundenpflege	195.000,00 €	650	300,00 €	48,29 €	348,29 €
Prozess 2: Kampagnenmanagement	120.000,00 €	40	3.000,00 €	482,90 €	3.482,90 €
Prozess 3: Vertriebsveranstaltungen	182.000,00 €	160	1.137,50 €	183,10 €	1.320,60 €
Vertriebssteuerung	80.000,00 €				

Mit Hilfe dieser Werte kann der Umlagesatz bestimmt werden, der die leistungsmengenneutralen Prozesskosten auf die Prozesskostensätze der leistungsmengeninduzierten Prozesse umlegt – hier ergibt sich ein Umlagesatz von 16,1%. Durch den Umlagesatz können die Gesamtprozesskostensätze errechnet werden. Anhand des Gesamtkostensatzes für den Bestandskundentermin wird festgestellt, dass pro Bestandskundentermin 348,29 € Kosten entstehen. Bei dem verwendeten Beispiel verursacht ein A-Kunde demnach 4.179 € Besuchsprozesskosten bei zwölf Besuchen im Jahr.

Anhand der Prozesskostenrechnung lassen sich kundenspezifische und verursachungsgerechte Kosten bestimmen, die in die Kundendeckungsbeitragsrechnung mit aufgenommen werden.

Kundenerfolgsrechnung mit Hilfe der Kundendeckungsbeitragsrechnung

Nach dem bereits vorgestellten Schema der Kundendeckungsbeitragsrechnung (siehe Abbildung 18, S. 60) lässt sich, nach der Anwendung der Prozesskostenrechnung, eine kundenspezifische Erfolgsermittlung durchführen. In dieser finden sich, neben den angenommenen Werten, auch die 4.179 € Besuchsprozesskosten des „Kunden 1".

Tabelle 11: Kundendeckungsbeitragsrechnung inkl. der ermittelten Besuchsprozesskosten
Quelle: Eigene Darstellung

Kundendeckungsbeitragsrechnung	Kundengruppe A		Kundengruppe B	
	Kunde 1	Kunde 6	Kunde 19	Kunde 20
Bruttoerlöse	51.270 €	37.420 €	8.644	4.950 €
./. Rabatte	860 €	320 €	250 €	195 €
./. Boni	880 €	420 €	190 €	40 €
Nettoerlöse	49.530 €	36.680 €	12.204 €	4.715 €
./. variable Herstellkosten	4.680 €	3.978 €	2.190 €	1.410 €
Kundendeckungsbeitrag I	44.850 €	32.702 €	10.014 €	3.305 €
./. Key-Account-Manager	8.400 €	0 €	0 €	0 €
./. Vertriebs-PK	1.980 €	2.033 €	1.656 €	920 €
./. Marketing-PK	2.990 €	1.560 €	860 €	571 €
./. Besuchs-PK	4.179 €	1.425 €	384 €	0 €
./. Service-PK	3.980 €	1.320 €	3.662 €	1.145 €
Kundendeckungsbeitrag II	23.321 €	26.364 €	-548 €	669 €
./. Vertriebsinnendienst	380 €	270 €	290 €	340 €
Kundendeckungsbeitrag III	22.941 €	26.094 €	-838 €	329 €

Das Ergebnis des Kundendeckungsbeitrags III zeigt die jeweilige Kundenprofitabilität, die nachfolgend als Basisgröße zur Kundenwertbestimmung genutzt wird.

Einführung eines ergänzenden quantitativen Bestimmungsfaktors: Das Prozesspotential

Neben den bereits bekannten monetären Größen Umsatz und Kundendeckungsbeitrag, wird in dieser Arbeit eine weitere quantitative Bestimmungsgröße eingeführt: Das *Prozesspotential*. Dieses beschreibt das anbieterseitige Einsparpotential durch den Einsatz und die effiziente Nutzung eines CRM-Systems. Das Prozesspotential gibt an, inwieweit der Anbieter die Kosten für die Kundenpflege senken kann. Insbesondere durch die Optimierung von internen, repetitiven Prozessen, die mit einem CRM-System effizient abgebildet werden, können Zeitaufwand und dadurch Kosten gesenkt werden.

Da das Prozesspotential pro Kunde oder Kundengruppe unterschiedlich hoch sein kann, führt die Senkung der Kosten auf der Anbieterseite gleichzeitig zu einer Erhöhung des Kundenwertes. So wird z.B. ein A-Kunde auf Grund seiner bisherigen Erlöse und seines zukünftigen Potentials weitaus mehr betreut, als ein C-Kunde, dadurch verursacht der A-Kunde anbieterseitig mehr Kosten. Es wird also davon ausgegangen, dass Kunden entsprechend ihres Status individuell betreut werden, das heißt je höher der Status (A-/B-/C-Kunde), desto höher ist das

Prozesspotential, da es anteilig von den gesamten Betreuungskosten entsteht. Diese Kosten-senkungen werden grundsätzlich bei allen Kunden angestrebt, jedoch gelingt dies pro Kunde in unterschiedlichem Umfang. Daher wird mit dem Prozesspotential ein zusätzlicher Bestim-mungsfaktor eingeführt.

Eine Messung des Prozesspotentials wird mit Hilfe der Prozesskostenrechnung möglich. Dies soll exemplarisch gezeigt werden. Dazu wird ein weiteres Mal das Beispiel „Bestandskunden-termin" herangezogen. Durch eine Prozessoptimierung, durch die Einführung eines CRM-Systems oder die Prozessoptimierung mittels CRM-Software, kann der Bestandskundenter-min effizienter durchgeführt werden. An den Tätigkeiten hat sich zum vorherigen Beispiel nichts geändert, lediglich die Dauer der einzelnen Arbeitsschritte konnten verkürzt werden.

Da der Prozess durch die Software-Anwendung funktionstechnisch orientiert ist, wird hier nur ein variabler Kostenanteil angenommen. Zur Vereinfachung der Betrachtung werden bei diesem einzelnen Prozessdurchlauf eventuell gemeinkostenartige Größen nicht berücksichtigt. Der Einbezug von eventuell anfallenden leistungsmengenneutralen Größen ist unter der Verwendung der beschriebenen Methodik möglich.[239]

Um das Prozesspotential zu bestimmen, werden die einzelnen Arbeitsschritte den Ist- und Soll-Zeiten gegenübergestellt und die Differenz ermittelt. Die Differenz zeigt durch die Multiplikation mit dem Stundensatz eines Mitarbeiters die Kosteneinsparung. Danach wird die Anzahl der Wiederholungen als Koeffizient eingerechnet. In diesem Beispiel wird ange-nommen, dass ein A-Kunde durch einen Mitarbeiter einmal im Monat besucht wird. Die Ermittlung der Produktivitätssteigerung für diesen Prozess ist in Tabelle 12 dargestellt:

---

[239] siehe Kapitel 3.1

Tabelle 12: Ermittlung des Prozesspotentials mittels Prozesskostenrechnung eines Bestandskundentermins
Quelle: Eigene Darstellung

Aktivität	Ist-Prozess		Soll-Prozess		Substitutionsart	Typ	Differenz	
	Koeffizient	Dauer in Min	Koeffizient	Dauer in Min			Dauer in Min	Kosten
Subprozess 1: Vorbereitung								
Kunden selektieren	1	20	1	10	teil-substitutiv	lmi	10	13,33 €
Terminabstimmung mit Kunde	3	10	3	8	teil-substitutiv	lmi	2	8,00 €
Kundeninformationen sichten in Kundenakte/-historie	1	20	1	8	teil-substitutiv	lmi	12	16,00 €
Route zum Kunden planen	1	10	1	5	teil-substitutiv	lmi		6,67 €
Summe		**60**		**31**			**29**	**44,00 €**
Subprozess 2: Durchführung								
Kundentermin durchführen	1	80	1	80	gleich bleibend	lmi	0	0,00 €
Kundenbesuch dokumentieren	1	30	1	20	teil-substitutiv	lmi	10	13,33 €
Angebot erstellen	3	10	3	5	teil-substitutiv	lmi	5	20,00 €
Summe		**120**		**105**			**15**	**33,33 €**
Subprozess 3: Nachbereitung								
Nachbereitung des Termins und Einpflege in Kundenhistorie	1	15	1	10	teil-substitutiv	lmi	5	6,67 €
Rechnung über Nachverkäufe erstellen	3	10	3	5	teil-substitutiv	lmi	5	20,00 €
After-Sales-Telefonat mit Kunden	2	10	2	10	gleich bleibend	lmi	0	0,00 €
Provision eintragen	1	10	1	0	substitutiv	lmi	10	13,33 €
Summe		**45**		**25**			**20**	**40,00 €**

Das Ergebnis je Subprozess wird in Tabelle 13 dargestellt. Hier wird der Besuchsprozess eines A-Kunden für das gesamte Jahr berechnet, daher wird der Koeffizient 12 verwendet:

Tabelle 13: Summierung der Subprozesse
Quelle: Eigene Darstellung

Subprozesse	Koeffizient	Kosteneinsparung pro Subprozess	Kosteneinsparung nach Koeffizient
Subprozess 1	12	44,00 €	528,00 €
Subprozess 2	12	33,33 €	400,00 €
Subprozess 3	12	40,00 €	480,00 €
Summe pro Jahr			**1.408,00 €**

Ein weiterer monetärer Nutzen stellt sich dadurch ein, dass ein Arbeitsschritt vollständig substituiert wird. Dies resultiert aus der Annahme, dass sich, durch die Prozessoptimierung und Verbesserungen innerhalb des CRM-Systems, die Provision automatisch errechnet und dem Vertriebsmitarbeiter kein zeitlicher Aufwand mehr entsteht. Dadurch werden zudem Fehler bei der Provisionsabrechnung und nachträgliche Korrekturen durch Mitarbeiter des

Rechnungswesens und des Vertriebs ausgeschlossen. Das heißt, auf Grund des Prozesspotentials entsteht unter Umständen qualitativer Nutzen, wie eine erhöhte Mitarbeiter- und Kundenzufriedenheit. Da sich die qualitativen Aspekte nicht direkt als monetären Wert bestimmen lassen, werden diese nicht in das Prozesspotential einbezogen.

Neben dem betrachteten Beispielprozess fallen ähnliche Kostenreduzierungen bei anderen Prozessen an, die durch Prozessoptimierung und je nach Betreuungsaufwand, eine Erhöhung des Kundenwertes bewirken, bspw. weitere Vertriebs-, Service- und Marketingprozesse.

Mit Hilfe der Prozesskostenrechnung wurde gezeigt, wie und in welcher Höhe sich kundenbezogene Kosten reduzieren lassen. Das Ergebnis wird mit einem monetären Wert in das Kennzahlensystem überführt. Die Einsparungen, die sich mit Hilfe der Prozesskostenrechnung für kundenspezifische Geschäftsprozesse bestimmen lassen, werden auf den Kundendeckungsbeitrag aufsummiert und erhöhen somit die quantitative Basisgröße des Kundenwertes.

Berücksichtigung der Liquiditätssicherheit beim Ausschluss unprofitabler Kundenbeziehungen: Das Liquiditätspotential

Die individuelle Behandlung von Kunden in Abhängigkeit ihrer Profitabilität für den Unternehmenserfolg wurde bereits im Kapitel 2.3 erläutert. Hierbei ist zu erwähnen und gleichzeitig ein Bewusstsein dafür zu schaffen, dass die anbieterseitige Kündigung der Geschäftsbeziehung zum einen unternehmensethische[240], hauptsächlich aber auch monetäre Risiken birgt. Eine differenzierte Kundenausgrenzung[241], also den „bewussten Ausschluss aktueller Kunden vom Leistungsangebot"[242], kann für das Anbieterunternehmen bei der Trennung von den als „unprofitabel" bewerteten Kunden mit Problemen der Liquiditätssicherheit einhergehen. Sobald Kunden ausgegrenzt werden, die zwar langfristig als nicht wirtschaftlich einge-

---

[240] weiterführende Literatur: Claus, Christian: Wertorientiertes Kundenmanagement - *Ethische Betrachtung wertbasierter Kundendifferenzierung*, VDM Verlag Dr. Müller, Saarbrücken 2007

[241] vgl. Tomczak, T.; Reinecke, S.; Finsterwalder, J.: Kundenausgrenzung - *Umgang mit unerwünschten Dienstleistungskunden*, in Bruhn, M.; Stauss, B. [Hrsg.]: Dienstleistungsmanagement - Jahrbuch 2000. *Kundenbeziehungen im Dienstleistungsbereich*, Wiesbaden 2000, S. 410

[242] ibidem, S. 399

stuft werden, jedoch einen hohen monetären Beitrag, bspw. in Form von Serviceverträgen, in das Unternehmen einfließen lassen, kann das zu Schwierigkeiten bei der Aufrechterhaltung der Liquidität führen. Diese beschreibt die Fähigkeit eines Unternehmens, seinen Zahlungsverpflichtungen termingerecht nachzukommen (Liquidität 1. Grades).[243] Insbesondere bei kleinen bis mittleren Unternehmen besitzt diese Betrachtung eine erhebliche gesamtwirtschaftliche Relevanz. Das heißt, bevor sich von einem Kunden mit einem hohen Zahlungsanteil getrennt wird, sollte unbedingt dessen Anteil am laufenden, zeitpunktbezogenen Gesamtzahlungseingang geprüft werden, um zu vermeiden, dass durch den Verlust dieser wiederkehrenden Zahlungen eine Illiquidität entsteht.[244]

Eine Möglichkeit diese Betrachtungsweise in das Scoringmodell zu integrieren, ist das Hinzufügen eines weiteren qualitativen Bestimmungsfaktors: Das *Liquiditätspotential*. Dieses beschreibt den kundenseitigen Anteil am gesamten Zahlungseingang des Anbieterunternehmens.

5.3 Identifikation und Zusammenstellung der qualitativen Bestimmungsfaktoren

Aufbauend auf den in Kapitel 3.2 beschriebenen qualitativen Bestimmungsfaktoren und der vorgestellten Kennzahlenstruktur werden die einzelnen Potential-Kategorien in weitere Fragen bzw. Beurteilungskriterien unterteilt.[245] Dieses Verfahren unterstützt den bewertenden Mitarbeiter und sorgt durch die Methodenunterstützung für eine verbesserte subjektive Bewertung.

---

[243] vgl. Goeke, M.: Praxishandbuch Mittelstandsfinanzierung - *Mit Leasing, Factoring & Co. unternehmerische Potenziale ausschöpfen*, Gabler Verlag, Wiesbaden 2008, S. 85

[244] Die Liquidität ist unternehmerische Existenzvoraussetzung, da die Illiquidität ein Konkursgrund darstellt (siehe dazu: § 17 Insolvenzverordnung), vgl. Hutzschenreuter, T.: Allgemeine Betriebswirtschaftslehre - *Grundlagen mit zahlreichen Praxisbeispielen*, 3. Auflage, Gabler Verlag, Wiesbaden 2009, S. 102 f.

[245] Zur Ermittlung der Beurteilungskriterien je Potential-Kategorie wurde die Kreativtechnik des „Brainstormings" verwendet. Das Ergebnis befindet sich in Form einer sogenannten „Mindmap" im Anhang C.

Die Ermittlung der Punktebewertung pro Potential-Kategorie

Die Ermittlung der Bewertung pro Potential-Kategorie wird nachfolgend am Beispiel des Up-/Cross-Selling-Potentials erläutert. So gliedert sich die Beurteilung dieses Potentials gemäß Definition[246] in folgende Fragen (siehe Tabelle 14):

Tabelle 14: Beurteilungskriterien der qualitativen Kriterien am Beispiel des Up-/Cross-Selling-Potentials
Quelle: Eigene Darstellung

Beurteilungskriterium	Frage	Ziel
Potentialausschöpfung	Wie hoch ist aus Anbietersicht die Potentialausschöpfung des Kunden?	Einschätzung/Prognoseaussagen des zukünftigen Kundenpotentials aus Anbietersicht
Kauffrequenz	Wie hoch ist die Kauffrequenz: Wie oft bestellt der Kunde Produkte oder beansprucht Dienstleistungen des Anbieters?	Beobachtung der Kauffrequenz zur Einschätzung/Prognoseaussage des zukünftigen Kundenpotentials und Nachverkaufsmöglichkeit ggf. Up- oder Cross-Selling
Produkte / Dienstleistungen	Welche Produkte des Anbieter-Unternehmens nutzt der Kunde?	Einteilung in Produkte oder Produktgruppen zur Einschätzung des Nachverkaufspotentials und zur zielgerichteten Marktbearbeitung
Nutzungstiefe	Wie hoch ist aus Anbietersicht die Nutzungstiefe des Kunden (von einem Produkt des Anbieters (branchenabhängig))?	Einschätzung/Prognoseaussagen der derzeitigen Nutzungstiefe des verwendeten Produktes eines Kunden zur Einschätzung des Nachverkaufspotentials ggf. Up- oder Cross-Selling

Die Beantwortung der einzelnen Fragen pro Potentialgröße erfolgt mit vorgegebenen Optionsfeldern. Dabei steht jeder Optionswert für eine Punktebewertung (siehe Tabelle 15):

Tabelle 15: Ausschnitt „Up-/Cross-Selling-Potential" des Formblattes zur Kundenwertbestimmung
Quelle: Eigene Darstellung

Up-/Cross-Selling-Potential					
Potentialausschöpfung	Kauffrequenz	Produkte / Dienstleistungen	Nutzungstiefe	Ergebnis	Faktor
hoch	mittel	Produkt A	hoch	35	8,75
mittel	mittel	Produkt C	mittel	16	4,00
hoch	hoch	Produkt B	hoch	35	8,75
hoch	hoch	Produkt A	hoch	40	10,00

Am Beispiel des Up-/Cross-Selling-Potentials wurde beim ersten Kunden die Potentialausschöpfung sowie die Nutzungstiefe mit „hoch" bewertet, dies entspricht einem Wert von jeweils zehn Punkten. Die Kauffrequenz wurde mit „mittel" bestimmt und wird mit fünf

---

[246] siehe Beschreibung der qualitativen Bestimmungsfaktoren in Kapitel 3.2, S. 55 ff.

Punkten eingerechnet. „Produkt A" steht hier für das Premium-Produkt und wird ebenfalls mit zehn Punkten gewichtet. Daraus folgt das Ergebnis von 35 Punkten, welches mit dem arithmetischen Mittelwert von 8,75 Punkten in den Kundenwert einfließt. Vorab werden die Potentialgrößen jedoch gewichtet, umso den unternehmensspezifischen Ansprüchen gerecht zu werden.

Die Gewichtung der Bestimmungsfaktoren und Kategorien

Wie in der **Fehler! Verweisquelle konnte nicht gefunden werden.** zu erkennen und im Beispiel beschrieben, wird zunächst der Mittelwert über die vergebenen Punktebewertungen der einzelnen Beurteilungskriterien ermittelt, dadurch erhält jede Potential-Kategorie einen Multiplikator.

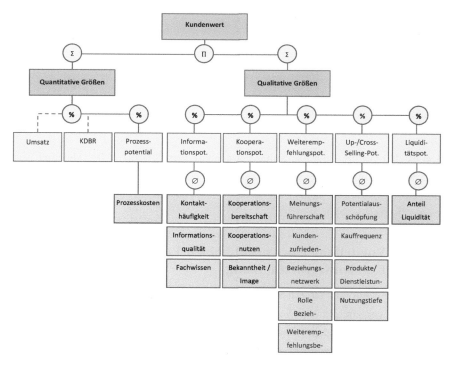

Abbildung 51: Zusammenstellung der Bestimmungsfaktoren: 2. Stufe des Kundenbewertungsmodells
Quelle: Eigene Darstellung in Anlehnung an Rixen, M.: CRM und Vertriebssteuerung – Potenziale, Konzeption und Umsetzung eines mehrdimensionalen Systems der Kundenbewertung, in: Schröder, R. [Hrsg.]: BiTS-Forschung, Projektverlag, Bochum/Freiburg 2007, S. 51

Da die Potentialgrößen pro Unternehmen unterschiedliche Prioritäten haben, wird eine Entscheidungsfindung vorgenommen.[247] Um eine methodische Vorgehensweise anzuwenden, geschieht dies mittels der sogenannten Prioritätenanalyse oder Cross Preference Matrix (CPM). Bei der Prioritätenanalyse werden die gegebenen Kriterien paarweise miteinander verglichen und bewertet, um eine Rangfolge bilden zu können. Durch die Summierung der Bewertungen ergibt sich die Gesamtpriorität der Kriterien (siehe Tabelle 16 und Anhang D).

Tabelle 16: Prioritätenanalyse der Bestimmungsfaktoren (Cross Preference Matrix)
Quelle: Eigene Darstellung

Kriterium	Umsatz / KDBR	Prozesspotential	Up-/Cross-Selling	Informationspot.	Kooperationspot.	Weiterempfeh-lungspot.	Summe	Prozent
Umsatz / KDBR		3	3	3	3	3	15	25%
Prozesspotential	1		3	3	3	3	13	22%
Up-/Cross-Selling	1	1		3	1	1	7	12%
Informationspotential	1	1	1		1	2	6	10%
Kooperationspotential	1	1	3	3		3	11	18%
Weiterempfehlungspotential	1	1	3	2	1		8	13%
							60	100%

Um das Beispiel des Up-/Cross-Selling-Potentials zu vervollständigen: Der Mittelwert von 8,75 wird nach Anwendung der Prioritätenanalyse zusätzlich mit der Gewichtung, also mit dem Faktor 0,12 (12%), multipliziert, so dass dieses Potential mit einem Faktor 1,05 in den finalen Kundenwert einfließt.

5.4   Vorstellung eines praktikablen Verfahrens zur modernen Kundenwertbestimmung

Nachdem die Auswahl für ein Scoringmodell getroffen sowie die Bestimmungsfaktoren ausgewählt und ermittelt wurden, erfolgt die Zusammenführung aller Komponenten. Das Ergebnis ist ein vollständiges, tabellarisches Formblatt, welches nach der Eingabe der quanti-

---

[247] Die Priorisierung der Bestimmungsfaktoren kann individuell erfolgen.

tativen Größen und Bewertung der qualitativen Faktoren einen rechnerischen Kundenwert ermittelt.

Bevor das Formblatt vorgestellt wird, erfolgt eine Zusammenfassung der Vorgehensweise:

1.) Die quantitativen Bestimmungsfaktoren, welche für die Kundenwertberechnung als Basisgröße verwendet werden sollen, müssen festgelegt und bestimmt werden

2.) Das Prozesspotential als ergänzende Basisgröße sollte pro Kunde oder Kundengruppe bestimmt werden, bspw. in Abhängigkeit von Betreuungsart (A-/ B-/C-Kunde etc.)

3.) Anschließend müssen die Multiplikatoren der qualitativen Bestimmungsfaktoren mittels Optionswerten für die jeweilige Potentialgröße ermittelt werden.

4.) Danach gilt es eine Priorisierung der quantitativen Basisgröße(n) und der qualitativen Ergänzungsgrößen mittels Prioritätenanalyse vorzunehmen.

Nachdem alle Werte eingetragen sind, wird mit Hilfe der Gewichtung und dem ermittelten Faktor der Kundenwert errechnet. Mit der beispielhaften Kundendatenbank wird die Funktionsweise der Kundenwertberechnung verdeutlicht:

Tabelle 17: Auszug des Formblattes mit dem Ausschnitt der quantitativen Bestimmungsfaktoren
Quelle: Eigene Darstellung

| Bezeich-nung | Quantitativ | | | | | | | | Prozesspotential |
| | Umsatz | | | | Deckungsbeitrag | | | | |
Firma	Umsatz	Anteil Umsatz	Anteil Umsatz kumuliert	ABC-Umsatz-Kategorie	Kosten	KDBR	Anteil KDBR	Wert	
Kunde 1	51.270 €	9%	9%	A	28.329 €	22.941 €	13%	4.250 €	
Kunde 2	46.154 €	8%	17%	A	26.026 €	20.128 €	12%	2.150 €	
Kunde 3	45.543 €	8%	25%	A	33.610 €	11.933 €	7%	3.289 €	
Kunde 4	44.451 €	8%	33%	B	15.464 €	28.987 €	17%	2.920 €	
Kunde 5	41.215 €	7%	41%	B	25.588 €	15.627 €	9%	856 €	
Kunde 6	37.420 €	7%	47%	B	11.326 €	26.094 €	15%	1.489 €	
...	...	...	...	...	...	...	...	...	
Kunde 19	8.644 €	2%	99%	C	9.482 €	-838 €	0%	88 €	
Kunde 20	4.950 €	1%	100%	C	4.621 €	329 €	0%	134 €	
Summe:	561.191 €	100%			390.504 €	170.687 €	100%		

In diesem Beispiel wurden sowohl der Umsatz als auch der Kundendeckungsbeitrag eingetragen. Außerdem wurde vorab eine ABC-Umsatz-Analyse durchgeführt und die Kunden in einer 70/30-Verteilung in Klassen unterteilt.

Zum Verständnis des Bewertungssystems werden drei Kunden ausgewählt, die nachfolgend näher betrachtet werden. Wie in Tabelle 18 ersichtlich, werden die Bewertungspunkte der qualitativen Potentialgrößen direkt mit dem Gewichtungsfaktor multipliziert. Dann wird der Kundendeckungsbeitrag mit dem monetären Wert des Prozesspotentials addiert, das heißt aufgewertet (da das Prozesspotential nicht negativ werden kann). Anschließend wird die Summe der beiden monetären Größen mit der Summe der Potentialfaktoren multipliziert.

Tabelle 18: Detaillierte Betrachtung der Ergebnisse der Kundenbewertung
Quelle: Eigene Darstellung

| Firma | Kunden-wert | Quantitativ (inkl. Gewichtung) | | Qualitativ (inkl. Gewichtung) | | | | | |
		KDBR	Prozesspot.	Info.-pot.	Koop.-pot.	Weiterempf.	...	Up-/Cross-Selling.
Kunde 1	27.976	5.735 €	920,83	1,00	1,22	0,96		1,02
Kunde 6	30.189	6.524 €	322,62	0,83	1,22	1,33		1,02
Kunde 19	-146	-210 €	19,07	0,53	0,43	0,11		0,23
Ø aller Kunden	9863	8.505 €	255,98	0,64	1,02	0,71		0,69

In der Annahme der positiven Darstellung des Kundenwertes ist der durch das Kennzahlensystem ermittelter Faktor reziprok auf den Kundendeckungsbeitrag (bzw. den Umsatz, falls dieser als Basiswert verwendet wird) anzuwenden. Dies geschieht, damit ein negativer Kundendeckungsbeitrag (oder Umsatz) nicht zur Folge hat, dass der Kundenwert durch den Faktor noch weiter in den negativen Bereich sinkt, da wie im Kapitel 3.2 erläutert, die qualitativen Potentiale stets positive Auswirkungen auf den Kundenwert haben.

Abschließend erfolgt eine Gegenüberstellung der Kundenbewertungsansätze (siehe Tabelle 19), da hier die unterschiedlichen Ergebnisse sichtbar werden.

Tabelle 19: Gegenüberstellung der Kundenbewertungsansätze
Quelle: Eigene Darstellung

Bezeichnung	Kundenwert	KDBR-Anteil	ABC-Umsatz
Kunde 4	35.195	17%	B
Kunde 6	30.189	15%	B
Kunde 7	28.059	15%	B
Kunde 1	27.976	13%	A
Kunde 10	18.735	9%	B
Kunde 2	15.571	12%	A
Kunde 5	11.505	9%	B
Kunde 3	7.675	7%	A
Kunde 17	6.778	3%	C
...	...	...	...

Es fällt auf, dass jeder der drei Bewertungsansätze unterschiedliche Ergebnisse hervorbringt. Insbesondere der Vergleich des „Kundenwertes" und des anteiligen Kundendeckungsbeitrages mit der ABC-Umsatz-Analyse zeigt deutlich, dass jene keine Aussage über den Erfolgsbeitrag eines Kunden treffen kann. Bei der Betrachtung der Kundendeckungsbeitragsrechnung wird deutlich, dass diese als Basisgröße nah an den Ergebnissen der vorgenommenen Kundenbewertung liegt, dennoch lassen sich auch hier Abweichungen erkennen. Diese zeigen die Auswirkungen der qualitativen Faktoren und machen deutlich, dass diese einen entscheidenden Einfluss auf die Qualität einer Kundenbewertung haben: In dem Beispiel werden umsatzmäßige A-Kunden vollständig von den teilweise deutlich profitableren B-Kunden verdrängt (*hier:* Kunden 4, 6, 7). Gleichzeitig zeigt sich, dass auch ein C-Kunde trotz geringerer Deckungsbeiträge durch die positive Beurteilung der qualitativen Potentialgrößen aufgewertet wird und dadurch als ein wichtiger Teil des Kundenportfolios gilt (*hier:* Kunde 17). Die moderne Kundenbewertung zeigt in diesem Fall, dass ein realistisches Abbild der Kundenbeziehungen erreicht werden konnte und somit ein qualitativ hochwertiger Bewertungsansatz entwickelt wurde.

6 Fazit und weiterführende Forschungsfragen

Die kundenorientierte Ausrichtung von Unternehmen ist heute eine der wichtigsten Voraussetzungen für ökonomischen Erfolg. Dabei ist jeder Kunde ein entscheidender Faktor und liefert seinen individuellen Wertbeitrag. Doch, ob wirklich jeder Kunde ein Bestandteil des Unternehmenserfolges ist, ist für die eine Vielzahl der Unternehmen nicht einsehbar. Allerdings wird mit steigendem Wettbewerbsdruck eine Wirtschaftlichkeitskontrolle des eigenen Kundenstamms unumgänglich, da es zunehmend wichtiger wird sich auf profitable Kunden zu konzentrieren.

Der Ausgangspunkt der vorliegenden Arbeit folgte der Annahme, dass moderne Unternehmen zwar kundenorientiert aufgestellt sind, aber eine Kunden*wert*orientierung fehlt. Das heißt, es wird versucht Kunden bestmöglich zu behandeln – jedoch ohne die Überprüfung des Erfolgsbeitrages pro Kunden im Vergleich zu den Aufwendungen, die in die Kundenbindung investiert werden. Darauf aufbauend wurde die Hauptthese der Arbeit abgeleitet, dass das Interesse an einer kundenwertorientierten Betrachtung steigt, aber die Bestimmung des Kundenwertes dennoch ausbleibt. Dies wurde dadurch begründet, dass trotz der vorhandenen theoretischen Modelle und Methoden zur Kundenwertbetrachtung, kein praktikables Bewertungsverfahren existiert, welches sich für eine moderne Kundenwertbetrachtung eignet.

Das Ziel der vorliegenden Arbeit war es demnach, die theoretischen Modelle und Methoden der Kundenbewertung auf deren Praktikabilität in der Unternehmenspraxis zu untersuchen. Die empirische Studie lieferte dazu wertvolle Informationen durch die Überprüfung der aufgestellten Thesen. Die Auswertung der Umfrageergebnisse konnte bestätigen, dass die Kundenbewertung in den meisten Unternehmen als ein sehr wichtiges Thema angesehen wird, das es auszubauen gilt. Auf der anderen Seite wurde festgestellt, dass es an der Umsetzung einer ganzheitlichen Kundenwertbetrachtung mangelt, da ein Großteil der Befragten rein umsatzbezogene Betrachtungen durchführt und die modernen Kundenbewertungsverfahren vielen Befragten nicht bekannt sind. Besonders auffällig war in diesem Zusammenhang, dass die meisten Unternehmen meinen, sie verfügen über eine realistische Einschätzung der Wirtschaftlichkeit bestehender Kundenbeziehungen – und das, obwohl gar keine Kundenbewertung vorgenommen wird. Verstärkt wird dieser Widerspruch durch die angegebene durchschnittliche Potenzialausnutzung des Bestandskundengeschäfts von lediglich 50 Prozent. Diese Aussagen machen deutlich, welche Möglichkeiten die Kundenwertorientierung bietet, nämlich die Ausschöpfung und Konzentration auf profitable Kunden und die damit verbundene Gewinnmaximierung. Diese wurde von den Studienteilnehmern, neben der Steigerung der Kundenzufriedenheit, als größter Nutzen der Kundenwertberechnung genannt. Eine wichtige Unterstützung im Zusammenhang der Konzentration auf wertvolle Kunden und den Ausbau langjähriger Kundenbeziehungen liefert der Customer Relationship Management-Ansatz. Dieser hat bei den Befragten bereits eine weite Verbreitung, wird jedoch größtenteils nicht ausreichend zur Steuerung der Kundenbeziehungen genutzt – und liefert aus diesem Grund ebenfalls ein großes und bisher kaum genutztes Potential.

Bei der Betrachtung der Ergebnisse der empirischen Untersuchung im Vergleich zu den Erkenntnissen in der Literatur fällt auf, dass hier Theorie und Praxis teilweise weit auseinander gehen: Wird in der Literatur bereits von der Wandlung des Customer Relationship Managements zum Customer Value Management gesprochen, so zeigt die Realität, dass CRM-Systeme eher als eine Adressen- und Terminverwaltungsanwendung genutzt werden. Gleiches gilt für die Entwicklungen der Modelle und Methoden der Kundenwertbestimmung. Die theoretischen Ansätze der Verfahren sind bereits weit fortgeschritten, jedoch gelingt selten die Überführung in ein praktikables Kundenbewertungsverfahren.

In dieser wissenschaftlichen Arbeit wurde aus diesem Grund, neben den Praktikabilitätsanalysen, ein eigenes Kundenbewertungsverfahren entwickelt. Das *MaPra-Vorgehensmodell* erfüllt den Anspruch an ein modernes Bewertungsverfahren, welches neben quantitativen Größen auch qualitative Größen in die Berechnung einbezieht. Dabei wurde bewusst auf nicht-praktikable Bestandteile verzichtet und vielmehr Wert auf die Umsetzbarkeit und Anwendung in der Unternehmenspraxis gelegt. Durch die Verkettung von etablierten Methoden und neuen Ansätzen, wie dem Prozesspotential, wurde ein Formblatt geschaffen, das es dem Anwender erlaubt mit relativ geringem Aufwand und einer standardisierten Vorgehensweise zur Sammlung der Daten eine Kundenbewertung vorzunehmen. Diese Vorgehensweise zeichnet sich vor allem durch die Orientierung an den Bedürfnissen der Anwender aus. So vereint das moderne Verfahren eine einfache Datenerfassung, eine gute Nachvollziehbarkeit der Ergebnisse sowie eine hohe Flexibilität hinsichtlich der verwendeten Bestimmungsfaktoren und deren Detaillierungsgrad. Zusätzlich zeigt die dargestellte Kundendeckungsbeitragsrechnung zusammen mit der durchgeführten Prozesskostenrechnung eine fortschrittliche Vorgehensweise zur Ermittlung des Gewinnbeitrages eines Kunden.

Als weiterführende Forschungsfragen empfiehlt sich unter anderem die Verbesserung der Bewertung der qualitativen Bestimmungsfaktoren. Die derzeit verwendeten Faktoren setzen sich aus angenommen Bewertungen zusammen. Dies stellt eine eindeutige Limitation des Modells dar. Die Zusammensetzung und die Heuristiken der einzelnen Größen sind entscheidende Kriterien für den finalen Kundenwert. Hier empfiehlt sich der Einsatz von unternehmensspezifischen, auf Erfahrung beruhenden, aber auch quasi-analytischen Faktoren zu verwenden. Zur Verbesserung des Modells gehört auch die Erweiterung auf Seiten der quantitativen Bestimmungsfaktoren, wie bspw. die Verwendung einer dynamischen Berechnung in Form des Customer Lifetime Values.

Ein weiterer Ansatz zur Optimierung des entwickelten Modells ist die Integration in ein CRM-System und der stärkere Einbezug der Kundenhistorie. Ersteres meint die vollständige Implementierung des Scoringmodells in eine bestehende CRM-Lösung. Dies hätte den Vorteil der schnelleren und qualitativ verbesserten Informationsbeschaffung und -gewinnung. Zumal die Ergebnisse direkt für entsprechende Maßnahmen zur Kundenbindung genutzt werden könnten. Eine verbesserte Verwendung der CRM-Kundenhistorie bezieht sich vor allem auf die Verwendung von tatsächlich angefallenen Kosten im Rahmen der Transaktionskostentheorie. Da die Kosten, die mit Hilfe der Prozesskostenrechnung ermittelt werden, meist nur die durchschnittlich anfallenden Kosten eines Prozesses betrachten, empfiehlt sich hier eine genauere Betrachtung.

Abschließend lässt sich sagen, dass die Kundenwertbetrachtung ein sehr komplexes wenngleich notwendiges und erfolgversprechendes Themengebiet im Bereich des Beziehungsmanagements ist. Die Bedeutung von Kundenwertanalysen wird in Zukunft weiter steigen: Kunden möchten individuell behandelt werden. Der professionelle Umgang mit diesen Kunden kann profitable Beziehungen hervorbringen, die jedoch Kosten durch Pflege und Ausbau der Kundenbeziehung verursachen. Die notwendige zu erbringende Qualität kann ein Anbieter-Unternehmen nur bei profitablen Geschäftsbeziehungen gerecht werden. Die Ungleichbehandlung von Kunden wird zu einem der Erfolgsfaktoren im Customer Relationship Management.

Abbildungsverzeichnis

Tabellenverzeichnis

Formelverzeichnis

Anhang

A. Re-Kategorisierung der Branchen

Die Antworten mit der Auswahl „Sonstiges" (Freitextfeld) werden den Standardkategorien zugewiesen, so dass eine homogene Menge zur Auswertung herangezogen werden kann.

Tabelle 20: Re-Kategorisierung der Branchen
Quelle: Eigene Darstellung

In welcher Branche ist Ihr Unternehmen tätig? [Sonstiges]	Branche
Software	Dienstleitung
Pharmazeutische Industrie	Industrie / Produktion
Medien	Dienstleitung
Finanzen	Dienstleitung
Immobilienmakler	Dienstleitung
Beratung	Dienstleitung
Immobilien	Dienstleitung
Design	Dienstleitung
IT Softwareentwicklung	Dienstleitung
IT	Dienstleitung
Softwareentwicklung	Dienstleitung
Bank / Versicherung	Dienstleitung
Kunst und Kultur	Sonstiges
Marketingberatung	Dienstleitung
Handwerk	Dienstleitung
IT-Systemhaus	Dienstleitung
Vertrieb von Medizinprodukten	Handel
Medien / Ströer	Dienstleitung
Hotellerie/Tourismus	Dienstleitung
Energiewirtschaft	Industrie / Produktion

B. Zusammensetzung der Umfrageteilnehmer aus dem Bereich Position-„Sonstiges"

Auf eine Re-Kategorisierung der Freitexteingaben der Frage nach der Position im Unternehmen wurde verzichtet, da hier nicht immer eine eindeutige Zuordnung möglich war (Der Inhaber muss nicht zwangsläufig Geschäftsführer des Unternehmens sein).

Tabelle 21: Zusammensetzung der Position der Umfrageteilnehmer (Bereich „Sonstiges")
Quelle: Eigene Darstellung

Welche Position haben Sie in Ihrem Unternehmen?	Welche Position haben Sie in Ihrem Unternehmen?
Sonstiges	leer
Sonstiges	Inhaber
Sonstiges	Freiberufler
Sonstiges	Freiberufler
Sonstiges	Bereichsleitung
Sonstiges	Unternehmer
Sonstiges	Selbständig / Freiberufler
Sonstiges	Inhaber, Prokurist
Sonstiges	selbst. Handelsvertreter
Sonstiges	Bereichsdirektor

C. Zuweisung der Antwortmöglichkeiten pro Ressourcenpotential

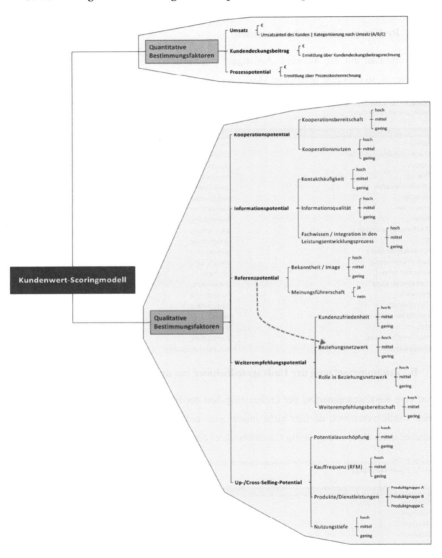

Abbildung 52: Mindmap zur Ermittlung der Werte und Beurteilungskriterien des Formblattes
Quelle: Eigene Darstellung

D. Auswertung der Prioritätenanalyse

Durch eine absteigende Anordnung der Kriterien gemäß der ermittelten Gesamtpriorität, erhält man die finale Priorisierung der Kriterien.

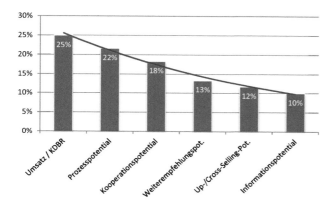

Abbildung 53: Ergebnis der Prioritätenanalyse der Bestimmungsfaktoren
Quelle: Eigene Darstellung

E. Abbildung des Formblattes – Quantitative Bestimmungsfaktoren

Formblatt zur Bestimmung des Kundenwertes

Firma	Basisgröße * Ergänzungsgrößen	Umsatz	Anteil Umsatz	Anteil Umsatz kumuliert	ABC-Umsatz-Kategorie	Kosten	KDBR	Anteil KDBR	Wert (Prozesspotential)
Kunde 1	27.976	51.270 €	9%	9%	A	28.329 €	22.941 €	13%	4.250 €
Kunde 2	15.571	46.154 €	8%	17%	A	26.026 €	20.128 €	12%	2.150 €
Kunde 3	7.675	45.543 €	8%	25%	A	33.610 €	11.933 €	7%	3.289 €
Kunde 4	35.195	44.451 €	8%	33%	B	15.464 €	28.987 €	17%	2.920 €
Kunde 5	11.505	41.215 €	7%	41%	B	25.588 €	15.627 €	9%	856 €
Kunde 6	30.189	37.420 €	7%	47%	B	11.326 €	26.094 €	15%	1.489 €
Kunde 7	28.059	37.121 €	7%	54%	B	12.093 €	25.029 €	15%	861 €
Kunde 8	6.472	30.456 €	5%	59%	B	20.484 €	9.972 €	6%	1.781 €
Kunde 9	4.783	25.549 €	5%	64%	B	16.805 €	8.744 €	5%	236 €
Kunde 10	18.735	26.094 €	5%	69%	B	11.258 €	14.836 €	9%	1.220 €
Kunde 11	-95	23.546 €	4%	73%	C	25.665 €	-2.119 €	-1%	490 €
Kunde 12	-175	23.454 €	4%	77%	C	24.963 €	-1.509 €	-1%	398 €
Kunde 13	4.126	21.545 €	4%	81%	C	14.197 €	7.348 €	4%	457 €
Kunde 14	151	19.887 €	4%	84%	C	20.123 €	-236 €	0%	689 €
Kunde 15	-738	19.875 €	3%	88%	C	29.353 €	-9.478 €	-6%	780 €
Kunde 16	-1.754	19.546 €	3%	91%	C	35.300 €	-15.754 €	-9%	825 €
Kunde 17	6.778	18.020 €	3%	95%	C	12.722 €	5.298 €	3%	431 €
Kunde 18	2.633	16.451 €	3%	98%	C	13.674 €	2.777 €	2%	285 €
Kunde 19	-146	8.644 €	2%	99%	C	9.482 €	838 €	0%	88 €
Kunde 20	313	4.950 €	1%	100%	C	4.621 €	329 €	0%	134 €
		561.191 €	100%			391.083 €	170.108 €	100%	1.181 €

Abbildung 54: Abbildung des Formblattes – Quantitative Bestimmungsfaktoren (Auszug)
Quelle: Eigene Darstellung

F. Abbildung des Formblattes – Qualitative Bestimmungsfaktoren

Formblatt

	Qualitativ			Informationspotential		Kooperationspotential	Weiterempfehlungspotential	Up-/Cross-Selling Potential
Bezeichnung	Kontakthäufigkeit	Informationsqualität	Fachwissen	Ergebnis	Faktor	Faktor	Faktor	Faktor
Firma								
Kunde 1	hoch	hoch	hoch	30	1,00	1,22	0,96	1,02
Kunde 2	hoch	mittel	mittel	20	0,67	1,22	0,83	0,12
Kunde 3	mittel	gering	gering	7	0,23	0,92	0,69	0,23
Kunde 4	hoch	hoch	hoch	25	0,83	1,83	1,33	0,47
Kunde 5	hoch	hoch	mittel	25	0,83	0,67	0,69	0,61
Kunde 6	mittel	hoch	hoch	25	0,83	1,22	1,33	1,02
Kunde 7	gering	hoch	hoch	21	0,70	1,53	0,96	1,17
Kunde 8	mittel	mittel	mittel	15	0,50	0,67	0,35	0,73
Kunde 9	hoch	gering	mittel	16	0,53	0,67	0,32	0,61
Kunde 10	mittel	hoch	hoch	25	0,83	1,53	1,33	1,02
Kunde 11	gering	hoch	mittel	16	0,53	1,22	0,32	0,35
Kunde 12	mittel	mittel	hoch	20	0,67	0,92	0,59	0,90
Kunde 13	mittel	gering	mittel	11	0,37	0,98	0,32	0,47
Kunde 14	mittel	hoch	gering	16	0,53	0,43	0,48	0,23
Kunde 15	mittel	hoch	mittel	25	0,83	0,98	0,56	0,61
Kunde 16	hoch	gering	gering	12	0,40	0,43	0,59	0,73
Kunde 17	hoch	mittel	hoch	25	0,83	1,83	1,09	1,02
Kunde 18	gering	hoch	mittel	16	0,53	1,22	0,56	1,17
Kunde 19	hoch	gering	mittel	16	0,53	0,43	0,11	0,23
Kunde 20	hoch	mittel	gering	16	0,53	0,43	0,83	1,02
Mittelwert:				19,1	0,64	1,02	0,71	0,69

Abbildung 55: Abbildung des Formblattes – Qualitative Bestimmungsfaktoren (Auszug)
Quelle: Eigene Darstellung

Literaturverzeichnis

Bänsch, A.: Variety seeking – *Marketingfolgerungen aus Überlegungen und Untersuchungen zum Abwechslungsbedürfnis von Konsumenten*, in: GfK-Jahrbuch der Absatz- und Verbrauchsforschung, 41. Jg., o.O. 1995, S. 342-365

Bahradwaj, S.: The risk implications of a customer retention strategy in the manufacturing industry, 1996 Research Conference Proceedings: *Contemporary Knowledge of Relationship Marketing*, Emory University, Atlanta 1996

Barth, K.; Wille, K.: Customer Equity – *Ein prozessorientierter Ansatz zur Kundenbewertung*, Diskussionsbeitrag Nr. 276, Duisburg 2000

Bauer, H.; Hammerschmidt, M.; Brähler, M.: Kundenwertbasierte Unternehmensbewertung – *Das Customer Lifetime Value-Konzept und sein Beitrag zu einer marketingorientierten Unternehmensbewertung*, in: Jahrbuch der Absatz und Verbrauchsforschung, 48 Jg., Nr. 4, 2002, S. 324-344

Bauer, H.; Stokburger, G.: Marketing Performance, Gabler Verlag, Wiesbaden 2006

Belz, C.; Bieger, T.: Customer-Value: *Kundenvorteile schaffen Unternehmensvorteile*, Thexis Verlag, St. Gallen/Frankfurt 2004

Beutin, N.: Kundennutzen in industriellen Geschäftsbeziehungen, Deutscher Universitäts-Verlag, Wiesbaden 2000

Beyer, H.: Online Lehrbuch: Prozeßkostenrechnung – *Steuerungsprozesse Informationsmanagement und Controlling*, Erlangen 2004, Quelle: www.economics.phil.uni-erlangen.de/bwl/lehrbuch/kap5/przkst/przkst.pdf [07.11.2009]

Biesel, H.: Vertriebsarbeit leicht gemacht: *Die besten Strategiewerkzeuge, Checklisten und Lösungsmuster*, Gabler Verlag, Wiesbaden 2006

Blattberg, C.; Getz, G; Thomas, J.: Customer Equity – *Building and Managing Relationships As Valuable Assets*, Harvard Business Press, Boston 2001

Blattberg, R.; Deighton, J.: Manage Marketing by the Customer Equity Test, in: Harvard Business Review, Jg. 74, Nr. 4, o.O. 1996, S. 136-144

Braun, S.: Die Prozesskostenrechnung – *Ein fortschrittliches Kostenrechnungssystem?*, 3. Auflage, Verlag Wissenschaft & Praxis, Berlin 1999

Bruhn, M.: Das Zufriedenheitskonzept, in: Herrmann, A. et al. [Hrsg.]: Kundenorientierte Produktgestaltung – *Ziele und Aufgaben*, München 2000, S. 121-141

Bruhn, M.: Das Konzept der kundenorientierten Unternehmensführung, in: Hinterhuber, H.; Matzler, K. [Hrsg.]: Kundenorientierte Unternehmensführung. *Kundenorientierung - Kundenzufriedenheit - Kundenbindung*, 6. Auflage, Gabler Verlag, Wiesbaden 2009, S. 33-68

Bruhn, M.: Kundenorientierung – *Bausteine für ein exzellentes Customer Relationship Management (CRM)*, 3. Auflage, DTV, München 2007

Bruhn, M.: Wirtschaftlichkeit des Qualitätsmanagements. *Qualitätscontrolling für Dienstleistungen*, Springer Verlag, Berlin 2005

Bruhn, M.: Relationship Marketing – *Das Management von Kundenbeziehungen*, Vahlen Verlag, München 2001

Bruhn, M. et al.: Wertorientiertes Relationship Marketing: *Vom Kundenwert zum Customer Lifetime Value*, in: Die Unternehmung, 54. Jg., Nr. 3, o.O. 2000, S. 167–187

Bruhn, M.; Homburg, C.: Kundenbindungsmanagement – *Eine Einführung in die theoretischen und praktischen Problemstellungen*, in: Handbuch Kundenbindungsmanagement, 6. Auflage, Gabler Verlag, Wiesbaden 2008, S. 3-37

Butz, H.; Goodstein, L.: Measuring Customer value: *Gaining the strategic advantage*, in: Organizational Dynamics, Vol. 24, 1995, S. 63-77

Capgemini Deutschland: Studie IT-Trends 2009 – *Fazit und Ausblick*, Quelle: www.de.capgemini.com/m/de/tl/IT-Trends_2009.pdf [04.11.2009]

Claus, C.: Wertorientiertes Kundenmanagement, VDM Verlag Dr. Müller, Saarbrücken 2007

Conze, O.: Kundenloyalität durch Kundenvorteile Segmentspezifische Analyse und Implikationen für das Kundenbeziehungsmanagement, Gabler Verlag, Wiesbaden 2007

Cornelsen, J.: Kundenwertanalysen im Beziehungsmarketing – *Theoretische Grundlagen und Ergebnisse einer empirischen Studie im Automobilbereich*, GIM - Gesellschaft für Innovatives Marketing, Nürnberg 2000

Cornelsen, J.: Kundenwertanalysen im Beziehungsmarketing, Science Factory, Ausgabe 3/2001, o.O. 2001

Cornelsen, J.: Was ist der Kunde wert? *Kundenwertanalysen im Beziehungsmarketing am Beispiel von Automobilkäufern*, in: Jahrbuch der Absatz- und Verbrauchsforschung, Nr. 1, o.O. 2001, S. 25-45

Diller, H.: Beziehungs-Marketing, in: WiSt, 24. Jg., Nr. 9, o.O. 1995, S. 442-447

Diller, H.: Die Bedeutung des Beziehungsmarketing für den Unternehmenserfolg, in: Hippner, H.; Wilde, K. [Hrsg.]: Grundlagen des CRM – *Konzepte und Gestaltung*, 2. Auflage, Gabler Verlag, Wiesbaden 2006, S. 97-120

Dittrich, S.: Kundenbindung als Kernaufgabe im Marketing. *Kundenpotentiale langfristig ausschöpfen*, 2. Auflage, Thexis-Verlag, St. Gallen 2002

Duderstadt, S.: Wertorientierte Vertriebssteuerung durch ganzheitliches Vertriebscontrolling: Konzeption für das Retailbanking, Gabler Verlag, Wiesbaden 2006

Eberling, G.: Kundenwertmanagement: *Konzept zur wertorientierten Analyse und Gestaltung von Kundenbeziehungen*, Gabler Verlag, Wiesbaden 2002

Eggert, A.: Kundenbindung aus Kundensicht: *Konzeptualisierung – Operationalisierung – Verhaltenswirksamkeit*, Gabler Verlag, Wiesbaden 1999

Franz, K.: Der Kundenwert in Modellen des Wertmanagement, in: Günter, B.; Helm, S. [Hrsg.]: Kundenwert. *Grundlagen - Innovative Konzepte - Praktische Umsetzungen*, 3. Auflage, Gabler Verlag, Wiesbaden 2006, S. 447-460

Freiling, J.: Kundenwert aus ressourcentheoretischer Sicht, in: Günter, B.; Helm, S. [Hrsg.]: Kundenwert. *Grundlagen - Innovative Konzepte - Praktische Umsetzungen*, 3. Auflage, Gabler Verlag, Wiesbaden 2006, S. 83-102

Fritz, W.: Internet-Marketing und Electronic Commerce: *Grundlagen - Rahmenbedingungen - Instrumente*, 3. Auflage, Gabler Verlag, Wiesbaden 2004

Füller, J.; Mühlbacher, H.; Bartl, M.: Beziehungsmanagement durch virtuelle Kundeneinbindung in den Innovationsprozess, in: Hinterhuber, H.; Matzler, K. [Hrsg.]: Kundenorientierte

Unternehmensführung. *Kundenorientierung - Kundenzufriedenheit - Kundenbindung*, 6. Auflage, Gabler Verlag, Wiesbaden 2009, S. 197-221

Gadatsch, A.; Mayer, E.: Masterkurs IT-Controlling: Grundlagen und Praxis - *IT-Kosten und Leistungsrechnung - Deckungsbeitrags- und Prozesskostenrechnung - Target Costing*, 3. Auflage, Vieweg Verlag, Wiesbaden 2006

Gelbrich, K.; Wünschmann, S.: Mehrdimensionaler Kundenwert als Entscheidungskriterium für die Akquisition von Kunden, in: Günter, B.; Helm, S. [Hrsg.]: Kundenwert. *Grundlagen - Innovative Konzepte - Praktische Umsetzungen*, 3. Auflage, Gabler Verlag, Wiesbaden 2006, S. 583-606

Goeke, M.: Praxishandbuch Mittelstandsfinanzierung – *Mit Leasing, Factoring & Co. unternehmerische Potenziale ausschöpfen*, Gabler Verlag, Wiesbaden 2008

Götz, O.; Krafft, M.: Erfolgreiche Implementierung von CRM-Strategien, in: Bruhn, M.; Homburg, C.: Handbuch Kundenbindungsmanagement, 6. Auflage, Gabler Verlag, Wiesbaden 2008, S. 549-578

Grabner-Kräuter, S. ; Schwarz-Musch, A.: CRM – *Grundlagen und Erfolgsfaktoren*, in: Hinterhuber, H.; Matzler, K. [Hrsg.]: Kundenorientierte Unternehmensführung. *Kundenorientierung - Kundenzufriedenheit - Kundenbindung*, 6. Auflage, Gabler Verlag, Wiesbaden 2009, S. 177-195

Günter, B.: Kundenwert – *mehr als nur Erlös*, in: Günter, B.; Helm, S. [Hrsg.]: Kundenwert. *Grundlagen - Innovative Konzepte - Praktische Umsetzungen*, 3. Auflage, Gabler Verlag, Wiesbaden 2006, S. 241-265

Günter, B.; Helm, S.: Kundenwert. *Grundlagen - Innovative Konzepte - Praktische Umsetzungen*, 3. Auflage, Gabler Verlag, Wiesbaden 2006

Haenlein, M; Kaplan, A; Schoder, D.: Valuing the Real Option of Abandoning Unprofitable Customers When Calculating Customer Lifetime Value, in Journal of Marketing, Vol. 70 (Juli 2006), S. 5-20

Hahn, D.; Hintze, M.: Konzepte wertorientierter Unternehmungsführung, in: Handlbauer, G. et al. [Hrsg.]: Perspektiven im strategischen Management, Berlin/New York 1998, S. 59-92

Helm, S.: Der Wert von Kundenbeziehungen aus der Perspektive des Transaktionskostenansatzes, in: Günter, B.; Helm, S. [Hrsg.]: Kundenwert. *Grundlagen - Innovative Konzepte - Praktische Umsetzungen*, 3. Auflage, Gabler Verlag, Wiesbaden 2006, S. 103-124

Helm, S.: Kundenbindung und Kundenempfehlungen, in: Bruhn, M.; Homburg, C. [Hrsg.]: Handbuch Kundenbindungsmanagement, 6. Auflage, Wiesbaden 2008, S. 135-153

Helm, S.; Günter, B.: Kundenwert – *eine Einführung in die theoretischen und praktischen Herausforderungen der Bewertung von Kundenbeziehungen*, in: Günter, B.; Helm, S. [Hrsg.]: Kundenwert: *Grundlagen - Innovative Konzepte - Praktische Umsetzungen*, 3. Auflage, Gabler Verlag, Wiesbaden 2006, S. 4-38

Hermann, A.; Johnson, M.: Die Kundenzufriedenheit als Bestimmungsfaktor der Kundenbindung, in: Zeitschrift für betriebswirtschaftliche Forschung, Nr. 6, 1999, S. 579-598

Hildebrand, V.: Individualisierung als strategische Option der Marktbearbeitung, Deutscher Universitäts-Verlag, o.O. 1997

Hinterhuber, H.; Matzler, K. [Hrsg.]: Kundenorientierte Unternehmensführung. *Kundenorientierung - Kundenzufriedenheit - Kundenbindung*, 6. Auflage, Gabler Verlag, Wiesbaden 2009

Hippner, H.; CRM – *Grundlagen, Ziele, Konzepte*, in Hippner, H.; Wilde, K. [Hrsg.]: Grundlagen des CRM – *Konzepte und Gestaltung*, 2. Auflage, Gabler Verlag, Wiesbaden 2006, S. 15-44

Hippner, H.; Leber, M.; Wilde, K.: Controlling von CRM Projekten, in: Wilde, K.; Hippner, H.: Management von CRM-Projekten. *Handlungsempfehlungen und Branchenkonzepte*, Gabler Verlag, Wiesbaden 2004, S. 135-182

Hippner, H.; Martin, S.; Wilde, K.: Customer Relationship Management – *Strategie und Realisierung*, in: Hippner, H.; Wilde, K. [Hrsg.]: CRM 2003, Absatzwirtschaft, Düsseldorf, S. 9-34

Hippner, H.; Rentzmann, R.; Wilde, K.: Aufbau und Funktionalitäten von CRM-Systemen, in Hippner, H.; Wilde, K. [Hrsg.]: Grundlagen des CRM – *Konzepte und Gestaltung*, 2. Auflage, Gabler Verlag, Wiesbaden 2006, S. 45-74

Hippner, H.; Wilde, K.: IT-Systeme im CRM. *Aufbau und Potenziale*, Gabler Verlag, Wiesbaden 2004

Hippner, H.; Wilde, K.: CRM – *Ein Überblick*, in: Helmke, S. ; Dangelmaier W.; Uebel M. [Hrsg.]: Effektives Customer Relationship Management, *Instrumente - Einführungskonzepte - Organisation*, 2. Auflage, Gabler Verlag, Wiesbaden 2002, S. 3-38

Holland, H.: CRM erfolgreich einsetzen. *Warum Projekte scheitern und wie sie erfolgreich werden*, Businessvillage Verlag, Göttingen 2004

Holland, H.; Huldi, H.; Kuhfuß, H.: CRM im Direktmarketing. *Kunden gewinnen durch interaktive Prozesse*, Gabler Verlag, Wiesbaden 2001

Homburg, C.: Kundennähe von Industriegüterunternehmen: *Konzeption - Erfolgsauswirkungen - Determinanten*, 2. Auflage, Gabler Verlag, Wiesbaden 1998

Homburg C.; Beutin N.: Kundenstrukturmanagement als Controlling-Herausforderung, in: Reinecke, S.; Tomczak, T. [Hrsg.]: Handbuch Marketingcontrolling. *Effektivität und Effizienz einer marktorientierten Unternehmensführung*, 2. Auflage, Gabler Verlag, Wiesbaden 2006, S. 225-251

Homburg, C.; Becker, A.; Hentschel, F.: Der Zusammenhang zwischen Kundenzufriedenheit und Kundenbindung, in: Bruhn, M.; Homburg, C.: Handbuch Kundenbindungsmanagement, 6. Auflage, Gabler Verlag, Wiesbaden 2008, S. 103-134

Homburg, C.; Daum, D.: Die Kundenstruktur als Controlling-Herausforderung, in: Controlling, 6/1997, Vahlen Verlag 1997, S. 394-405

Homburg, C.; Daum, D.: Marktorientiertes Kostenmanagement. *Kosteneffizienz und Kundennähe verbinden*, Verlag der Frankfurter Allgemeine Zeitung, Frankfurt 1997

Homburg, C.; Giering, A.; Hentschel, F: Der Zusammenhang zwischen Kundenzufriedenheit und Kundenbindung, in: Die Betriebswirtschaft, Vol. 59, o.O. 1999, S. 174-195

Homburg, C.; Rudolph, B.: Theoretische Perspektiven der Kundenzufriedenheit, in: Homburg, C. [Hrsg.]: Kundenzufriedenheit. *Konzepte, Methoden, Erfahrungen*, 7. Auflage, Gabler Verlag, Wiesbaden 2008

Homburg, C.; Sieben, F.: CRM – *Strategische Ausrichtung statt IT-getriebener Aktivismus*, in: Bruhn, M.; Homburg, C.: Handbuch Kundenbindungsmanagement, 6. Auflage, Gabler Verlag, Wiesbaden 2008, S. 501-528

Homburg, C.; Schäfer, H.: Die Erschließung von Kundenwertpotenzialen durch Cross-Selling, in: Günter, B.; Helm, S. [Hrsg.]: Kundenwert. *Grundlagen - Innovative Konzepte - Praktische Umsetzungen*, 3. Auflage, Gabler Verlag, Wiesbaden 2006, S. 157-181

Homburg, C.; Schnurr, P.: Was ist Kundenwert?, Arbeitspapier Nr. 41 des Instituts für Marktorientierte Unternehmensführung der Universität Mannheim, Mannheim 1999

Homburg, C.; Schnurr, P.: Kundenwert als Instrument der Wertorientierten Unternehmensführung, in: Bruhn, M. et al. [Hrsg.]: Wertorientierte Unternehmensführung: *Perspektiven und Handlungsfelder für die Wertsteigerung von Unternehmen*, Wiesbaden 1999, S. 169-189

Homburg, C.; Stock-Homburg, R.: Theoretische Perspektiven zur Kundenzufriedenheit, in: Homburg, C. [Hrsg.]: Kundenzufriedenheit: *Konzepte - Methoden - Erfahrungen*, 7. Auflage, Gabler-Verlag, Wiesbaden 2008, S. 17-51

Horvath, P.; Mayer, R.: Prozeßkostenrechnung – *der Weg zu mehr Kostentransparenz und wirkungsvolleren Unternehmungsstrategien*, in: Zeitschrift Controlling, 1. Jg.; o.O. 1989

Huber, F.; Herrmann, A.; Braunstein, C.: Der Zusammenhang zwischen Produktqualität, Kundenzufriedenheit und Unternehmenserfolg, in: Hinterhuber, H.; Matzler, K. [Hrsg.]: Kundenorientierte Unternehmensführung. *Kundenorientierung - Kundenzufriedenheit - Kundenbindung*, 6. Auflage, Gabler Verlag, Wiesbaden 2009, S. 69-85

Hutzschenreuter, T.: Allgemeine Betriebswirtschaftslehre – *Grundlagen mit zahlreichen Praxisbeispielen*, 3. Auflage, Gabler Verlag, Wiesbaden 2009

Kalenberg, F.: Grundlagen der Kostenrechnung. *Eine anwendungsorientierte Einführung*, Oldenbourg Verlag, München/Wien 2004

Kalwani, M.; Narayandas, N.: Long-term manufacturer-supplier relationships: *Do they pay off for supplier firms?*, in: Journal of Marketing, Vol. 20, 1995, S. 1-16

Köhler, R.: Kundenorientiertes Rechnungswesen als Voraussetzung des Kundenbindungsmanagements, in: Bruhn, M.; Homburg, C. [Hrsg.]: Handbuch Kundenbindungsmanagement, 6. Auflage, Wiesbaden 2008, S. 467-500

Kracklauer, A.; Mills, D.; Seifert, D.: Customer Management as the Origin of Collaborative Customer Relationship Management, in: Kracklauer, A.; Mills, D.; Seifert, D.: Collaborative Customer Relationship Management, *Taking CRM to the Next Level*, Springer Verlag, Berlin/Heidelberg/New York 2004, S. 1-22

Krafft, M.: Der Kunde im Fokus: *Kundennähe, Kundenzufriedenheit, Kundenbindung – und Kundenwert?*, in: Die Betriebswirtschaft, Jg. 59, Nr. 4, o.O. 1999, S. 511-530

Krafft, M.; Albers, S.: Ansätze zur Segmentierung von Kunden – *Wie geeignet sind herkömmliche Konzepte?*, Zeitschrift für betriebswirtschaftliche Forschung, 52. Jg., Düsseldorf 2000, S. 515-526

Krafft, M.; Hesse, J.; Knappik, K.: Internationales Direktmarketing. *Grundlagen, Best Practice, Marketingfakten*, 2. Auflage, Gabler Verlag, Wiesbaden 2006

Krafft, M.; Rutsatz, U.: Konzepte zur Messung des ökonomischen Kundenwerts, in: Günter, B.; Helm, S. [Hrsg.]: Kundenwert. *Grundlagen - Innovative Konzepte - Praktische Umsetzungen*, 3. Auflage, Gabler Verlag, Wiesbaden 2006, S. 269-291

Kuhl, M.; Stöber, O.: Data Warehousing und Customer Relationship Management als Grundlage des wertorientierten Kundenmanagements, in: Günter, B.; Helm, S.: Kundenwert. *Grundlagen - Innovative Konzepte - Praktische Umsetzungen*, 3. Auflage, Gabler Verlag, Wiesbaden 2006, S.531-548

Kumar, V.: A Customer Lifetime Value Framework for Customer Satisfaction and Resource Allocation Strategy, in: Journal of Marketing, Vol. 68, No. 4, o.O. 2004

Kumar, V.: Managing Customers for Profit: *Strategies to Increase Profits and Build Loyalty*, Wharton School Publishing, o.O. 2008

Lissautzki, M.: Kundenwertorientierte Unternehmenssteuerung – *Voraussetzungen, Aufgaben, Werttreiberanalysen*, Deutscher Universitäts-Verlag, Wiesbaden 2007

Marz, O.: Prozessorientierte Entscheidungsrechnung für den Einsatz mobiler Endgeräte, Arbeitsheft Wirtschaft, Wirtschaftsverlag Putbus, o.O. 2007

Maier, W.: Zukunftsorientierte Analyse von Kundendaten - *Vom Kundenwert zum Unternehmenswert,* Quelle: www.crm-erfolg.de/Was%20bringt%20CRM/Werte%20steigern.asp [04.11.2009]

Matzler, K.; Stahl, H.; Hinterhuber, H.: Customer-based View der Unternehmung, in: Bruhn, M.; Homburg, C.: Handbuch Kundenbindungsmanagement, 6. Auflage, Gabler Verlag, Wiesbaden 2008, S. 3-32

McCarthy, J.: Basic Marketing: *A managerial approach,* 13th Edition, Irwin Publishing, Homewood Il. 1960

Meffert, H.; Bruhn, M.: Dienstleistungsmarketing. *Grundlagen - Konzepte - Methoden,* 3. Auflage, Wiesbaden 2000

Meyer, A.; Kantsperger, R.; Schaffer, M.: Die Kundenbeziehung als ein zentraler Unternehmenswert – *Kundenorientierung als Werttreiber der Kundenbeziehung,* in: Günter, B.; Helm, S. [Hrsg.]: Kundenwert. *Grundlagen - Innovative Konzepte - Praktische Umsetzungen,* 3. Auflage, Gabler Verlag, Wiesbaden 2006, S. 61-81

Mittal, V.; Sarkees, M.; Murshed, F.: Vertrieb: *Mit unrentablen Kunden richtig umgehen,* in: Harvard Business Manager, 10/2008

Müller, P.; Brandl, S.; Passarge, C.: Ungenutzte Potentiale der Kundenbindung durch geplante, bewertete und gesteuerte After Sales Services heben, in: Keuper, F.; Hogenschurz, B.: Sales & Service: *Management, Marketing, Promotion und Performance,* Gabler Verlag, Wiesbaden 2008, S. 291-321

Palloks-Kahlen, M.: Kennzahlengestütztes Controlling im kundenwertorientierten Vertriebsmanagement, in: Reinecke, S.; Tomczak, T.: Handbuch Marketing-Controlling, 2. Auflage, Gabler Verlag, Wiesbaden 2006, S. 283-308

Peter, S.: Kundenbindung als Marketingziel: *Identifikation und Analyse zentraler Determinanten,* 2. Auflage, Gabler Verlag, Wiesbaden 2001

Peppers, D.; Rogers, M.: Return on Customer *Creating Maximum Value From Your Scarcest Resource*, Broadway Business, o.O. 2005

Picot, A.; Reichwald, R.: Informationswirtschaft, in: Heinen, E. [Hrsg.]: Industriebetriebslehre, 9.Auflage, Gabler Verlag, Wiesbaden 1991, S. 241-393

Picot, A.; Reichwald, R.; Wigand, R.: Die grenzenlose Unternehmung: *Information, Organisation und Management*, 5. Auflage, Gabler Verlag, Wiesbaden 2003

Pufahl, M.: Vertriebscontrolling. *So steuern Sie Absatz, Umsatz und Gewinn*, Gabler Verlag, Wiesbaden 2003

Preißner, A.: Marketing-Controlling, 2. Auflage, Oldenbourg Verlag, o.O. 1999

Raab, G.; **Werner, N.**: Customer Relationship Management. *Aufbau dauerhafter und profitabler Kundenbeziehungen*, 2. Auflage, Recht Und Wirtschaft GmbH, Frankfurt 2005

Reckenfelderbäumer, M.; Welling, M.: Der Beitrag einer relativen Einzel-, Prozesskosten- und Deckungsbeitragsrechnung zur Ermittlung von Kundenwerten – *konzeptionelle Überlegungen und Gestaltungsempfehlungen*, in: Günter, B.; Helm, S. [Hrsg.]: Kundenwert. *Grundlagen - Innovative Konzepte - Praktische Umsetzungen*, 3. Auflage, Gabler Verlag, Wiesbaden 2006, S. 335-368

Reichheld, F.: Der Loyalitätseffekt – *Die verborgene Kraft hinter Wachstum und Gewinnen und Unternehmenswert*, Frankfurt, New York 1997

Reichheld, F.; Sasser, W.: Zero-Migration: *Dienstleister im Sog der Qualitätsrevolution*, in Harvard Manager, 13. Jg., Nr. 4, o.O. 1991

Reichheld, R.; Shefter, P.: Warum Kundentreue auch im Internet zählt, in: Harvard Business Manager, Nr. 1, o.O. 2001, S. 70-80

Reichheld, F.: Der Loyalitätseffekt. *Die verborgene Kraft hinter Wachstum, Gewinn und Unternehmenswert*, Campus Fachbuch, Frankfurt/New York 1997

Reichwald, R.; Piller, F.: Interaktive Wertschöpfung: *Open Innovation, Individualisierung und neue Formen der Arbeitsteilung*, Wiesbaden 2006

Reinartz, W.; Kumar, V.: The Mismanagement of Customer Loyalty, Harvard Business Review, o.O. 2007

Reinecke, S. ; Keller, J.: Strategisches Kundenwertcontrolling – *Planung, Steuerung und Kontrolle von Kundenerfolgspotentialen*, in: Reinecke, S. ; Tomczak, T. [Hrsg.]: Handbuch Marketingcontrolling – *Effektivität und Effizienz einer marktorientierten Unternehmensführung*, 2. Auflage, Gabler Verlag, Wiesbaden 2006, S. 253-282

Remer, D.: Einführen der Prozesskostenrechnung, 2. Auflage, Schäffer-Poeschel Verlag, Stuttgart 2005

Rixen, M.: CRM und Vertriebssteuerung – *Potenziale, Konzeption und Umsetzung eines mehrdimensionalen Systems der Kundenbewertung*, in: Schröder, R. [Hrsg.]: BiTS-Forschung, Projektverlag, Bochum/Freiburg 2007

Rudolf-Sipötz, E.; Tomczak, T.: Kundenwert in Forschung und Praxis, Thexis Verlag, Fachbericht für Marketing, Nr. 2, St. Gallen 2001/2002

Rudolf-Sipötz, E.: Kundenwert: *Konzeption - Determinanten - Management*, Thexis Verlag, St. Gallen 2001

Rust, R.; Zeithaml, V.; Lemon, K.: Driving Customer Equity: *How Customer Lifetime Value is Reshaping Corporate Strategy*, Free Press, New York 2000

Salmen, S.: Electronic Customer Care, *der überlegene Weg zur E-Loyality*, in: Salmen, S.; Gröschel, M. [Hrsg.]: Handbuch Customer Care. *Der Weg zur digitalen Kundennähe*, Physica-Verlag, Heidelberg 2004, S.: 121-141

Schaller, C.; Stotko, C..; Piller, F., in: Mit Mass Customization basiertem CRM zu loyalen Kundenbeziehungen, in: Hippner, H.; Wilde, K. [Hrsg.]: Grundlagen des CRM – *Konzepte und Gestaltung*, 2. Auflage, Gabler Verlag 2007, S. 121-143

Schirmeister, R.; Kreuz, C.: Der investitionsrechnerische Kundenwert, in: Günter, B./Helm, S. [Hrsg.]: Kundenwert. *Grundlagen - Innovative Konzepte - Praktische Umsetzungen*, 3. Auflage, Gabler Verlag, Wiesbaden 2006, S. 311-333

Schüller, A.; Fuchs, G.: Total Loyalty Marketing – *Mit begeisterten Kunden und loyalen Mitarbeitern zum Unternehmenserfolg*, 5. Auflage, Gabler Verlag, Wiesbaden 2009

Silber, A.: Schnittstellenmanagement im CRM-Prozess des Industriegütervertriebs, Gabler Verlag, Wiesbaden 2007

Söllner, A.: Kundenanalyse und Kundenbindung, in: Köhler, R. et al. [Hrsg.]: Handwörterbuch der Betriebswirtschaft, 6. Auflage, Stuttgart 2007, S. 1024-1036

Spahlinger, L. et al.: Konzept zur effizienten Gestaltung von Kundenbeziehungen durch Kundenwertmanagement in: Günter, B.; Helm, S. [Hrsg.]: Kundenwert. *Grundlagen - Innovative Konzepte - Praktische Umsetzungen*, 3. Auflage, Gabler Verlag, Wiesbaden 2006, S. 607-624

Stadelmann, M. et al.: Customer Relationship Management - *12 CRM-Best Practice Fallstudien zu Prozessen, Organisationen, Mitarbeiterführung und Technologie*, Industrielle Organisation, Zürich 2003

Stahl, H.; Matzler, K.; Hinterhuber, H.: Kundenbewertung und Shareholder Value – *Versuch einer Synthese*, in: Günter, B.; Helm, S. [Hrsg.]: Kundenwert. *Grundlagen - Innovative Konzepte - Praktische Umsetzungen*, 3. Auflage, Gabler Verlag, Wiesbaden 2006, S. 425-445

Stahl, H. et al.: Kundenzufriedenheit und Kundenwert, in: Hinterhuber, H.; Matzler, K. [Hrsg.]: Kundenorientierte Unternehmensführung. *Kundenorientierung - Kundenzufriedenheit - Kundenbindung*, 5. Auflage, Gabler Verlag, Wiesbaden 2008, S. 247-266

Stahl, H.: Modernes Kundenmanagement. *Wenn der Kunde im Mittelpunkt steht*, 2. Auflage, Expert-Verlag, Praxiswissen Wirtschaft, Band 47, Renningen-Malmsheim 2000

Stauss, B.; Friege, C.: Kundenwertorientiertes Rückgewinnungsmanagement, in: Günter, B.; Helm, S. [Hrsg.]: Kundenwert. *Grundlagen - Innovative Konzepte - Praktische Umsetzungen*, 3. Auflage, Gabler Verlag, Wiesbaden 2006, S. 509-530

Stokburger, G.; Pufahl, M.: Kosten senken mit CRM: *Strategien, Methoden und Kennzahlen*, Gabler Verlag, Wiesbaden 2002

Stolpmann, M.: Kundenbindung im E-Business. *Loyale Kunden - nachhaltiger Erfolg*, Galileo Press GmbH, Bonn 2000

Thelen, K.; Wilkens, C.: CLV-M basiertes Kundenmonitoring als innovatives Controlling-Instrument in Marketing und Vertrieb, in: Hofmann, M; Mertiens, M. [Hrsg.]: Customer-Lifetime-Value-Management, Wiesbaden 2000, S. 143-153

Töpfer, A.: Erfolgsfaktoren, Stolpersteine und Entwicklungsstufen des CRM, in: Töpfer, A [Hrsg.]: Handbuch Kundenmanagement – *Anforderungen, Prozesse, Zufriedenheit, Bindung und Wert von Kunden*, 3. Auflage, Springer Verlag, Berlin/Heidelberg 2008, S. 627-650

Töpfer, A.; Seeringer, C.: Entwicklungsstufen des Customer-Value-Konzeptes und Berechnungsverfahren zur Steuerung des Kundenwertes, in: Töpfer, A.: Handbuch Kundenmanagement – *Anforderungen, Prozesse, Zufriedenheit, Bindung und Wert von Kunden*, 3. Auflage, Springer Verlag, Berlin/Heidelberg 2008, S. 229-266

Tomczak, T; Rudolf-Sipötz, E.: Bestimmungsfaktoren des Kundenwertes: *Ergebnisse einer branchenübergreifenden Studie*, in: Günter, B.; Helm, S. [Hrsg.]: Kundenwert. *Grundlagen - Innovative Konzepte - Praktische Umsetzungen*, 3. Auflage, Gabler Verlag, Wiesbaden 2006, S. 127-155

Tomczak, T.; Reinecke, S: Kundenpotentiale ausschöpfen – *Gestaltungsansätze für Kundenbindung in verschiedenen Geschäftstypen*, in: Hinterhuber, H.; Matzler, K. [Hrsg.]: Kundenorientierte Unternehmensführung. *Kundenorientierung - Kundenzufriedenheit - Kundenbindung*, 5. Auflage, Gabler Verlag, Wiesbaden 2008, S. 107-132

Tomczak, T.; Reinecke, S.; Finsterwalder, J.: Kundenausgrenzung – *Umgang mit unerwünschten Dienstleistungskunden*, in Bruhn, M.; Stauss, B. [Hrsg.]: Dienstleistungsmanagement – Jahrbuch 2000. *Kundenbeziehungen im Dienstleistungsbereich*, Wiesbaden 2000, S. 399-421

Venkatesan, R.; Kumar, V.: A Customer Lifetime Value Framework for Customer Satisfaction and Resource Allocation Strategy, in: Journal of Marketing, Vol. 68, No. 4, o.O. 2004, S. 106-125

Wachter, N.: Kundenwert aus Kundensicht: *Eine empirische Analyse des Kundennutzens aus Sicht der Privat- und Geschäftskunden in der Automobilindustrie*. Deutscher Universitäts-Verlag, Wiesbaden 2006

Wilde, K.; Rühl, D.; Hippner, H.: CRM-Studie 2009, Quelle: www.kueichstaett.de/Fakultaeten/WWF/Lehrstuehle/WI/Forschung/publikationen/pubk_studien.de [16.09.2009]

Wille, K.: Customer Equity: *Grundlagen der kundenwertorientierten Unternehmensführung*, Deutscher Universitäts-Verlag, Wiesbaden 2005

Winkelmann, P.: E-Statementrunde: *Kundenwert – quo vadis?*, Quelle: www.competence-site.de/downloads/da/8c/i_file_27527/CS_Statementrunde102005_Kutzner.pdf [08.09.2009]

Winkelmann, P.: Höchste Zeit für Customer Relationship Management: *Balance zwischen Kundenorientierung und Kostenreduktion finden*, o.O. 10/2002, Quelle: www.cas.de/downloads/infothek/casatwork_13_interview_prof_winkelmann.pdf [04.11.2009]

Winkelmann, P.: Kundenwerte ermitteln und Prioritäten steuern – *Grundlagen und Trends im Customer Value Management. Statische und dynamische Methoden zur Kundenbewertung*, Schimmel Media Verlag GmbH & Co. KG, Würzburg 2004

Winkelmann, P.; Schwetz, W.: E-Statementrunde: *Kundenwert – quo vadis?*, 10/2005, Quelle: www.competence-site.de/downloads/59/e3/i_file_27528/cs_statementrunde2005_schwetz.pdf [04.11.2009]

Winkelmann, P.; Naujoks, F.: E-Statementrunde: *Kundenwert – quo vadis?*, 10/2005, Quelle: www.competence-site.de/downloads/96/26/i_file_27525/CS_Statementrunde102005_Naujoks.pdf [04.11.2009]

Winkelmann, P.; Kutzner, C.: E-Statementrunde: *Kundenwert – quo vadis?*, 10/2005, S. 2, Quelle: www.competence-site.de/downloads/da/8c/i_file_27527/CS_Statementrunde102005_Kutzner.pdf [04.11.2009]

Weber J.; Lissautzki, M.: Kundenwert-Controlling, in: Advanced Controlling, 7. Jg., WHU - Otto-Beisheim-Hochschule, Vallendar 2004

Zeithaml, A., Rust, R., Lemon, K.: The Customer Pyramid: *Creating and Serving Profitable Customers*, California Management Review, Ausgabe 43, Nr. 4, o.O. 2001, S. 118-142

Zeithaml, V.; Berry, L.; Parasuraman, A.: The behavioral Consequences of Service Quality, in: Journal of Marketing, Vol. 60, o.O. 1996, S. 31-46

Fragebogen

Quelle: http://www.oliver-marz.de/lime/index.php?sid=15736&newtest=Y [04.11.2009]

Umfrage | Kundenwertorientierung in der Unternehmenspraxis

"In welcher Branche ist Ihr Unternehmen tätig?

- Dienstleistung
- Handel
- Industrie / Produktion
- Öffentliche Einrichtung
- Sonstiges

"Welche Position haben Sie in Ihrem Unternehmen?

- Student/Ausbildung/Praktikum
- Angestellt
- Abteilungsleitung
- Geschäftsführung/Vorstand
- Sonstiges

"Wie viele Mitarbeiter hat Ihr Unternehmen?

- 1 bis 10
- 11 bis 50
- 51 bis 100
- 101 bis 500
- 501 bis 1000
- 1000 und mehr

Wie viele Kunden hat Ihr Unternehmen?

- 1 bis 100
- 101 bis 500
- 501 bis 2000
- 2001 bis 5000
- 5001 und mehr
- ● Keine Antwort

"Welchen Geschäftsabschlussen wird in Ihrem Unternehmen mehr Bedeutung zugemessen?

- Neukundengeschäft
- Bestandskundengeschäft
- Beides gleichwertig

"Anhand welchem Kriterium ermitteln Sie Ihre Top-Kunden?

- ○ Umsatz
- ○ Anzahl der bisherigen Käufe
- ○ Dauer der Geschäftsbeziehung
- ○ Persönliche Bekanntschaft
- ○ Deckungsbeitrag
- ○ Es werden keine Top-Kunden ermittelt.

"Nutzen Sie – aus Ihrer Sicht – bereits das gesamte Potential bestehender Kundenbeziehungen in Ihrem Unternehmen (bspw. Nachverkauf / Cross-Selling usw.)? Bitte geben Sie eine Schätzung in Prozent an.

Angabe in Prozent: %
In dieses Feld dürfen nur Ziffern eingetragen werden

"Welche Bedeutung hat die Pflege von bestehenden Kundenbeziehungen im Vergleich zur Neukundengewinnung in Ihrem Unternehmen?

	Trifft voll und ganz zu	Trifft zu	Trifft eher nicht zu	Trifft überhaupt nicht zu	Kann ich nicht beurteilen
Neukundengewinnung ist aus vertrieblicher Sicht wichtiger als die Bestandskundenpflege	○	○	○	○	○
Provisionierung und Anreizsysteme der Vertriebsmitarbeiter sind auf die Neukundengewinnung ausgerichtet	○	○	○	○	○
Bestehende Kundenbeziehungen werden nicht auf Ihr Potential untersucht	○	○	○	○	○
Marketing-Ausgaben werden weniger in die Bestandskundenpflege investiert als in die Neukundengewinnung	○	○	○	○	○

"Inwieweit stimmen Sie den folgenden Aussagen zu? In unserem Unternehmen ...

	Trifft voll und ganz zu	Trifft zu	Trifft eher nicht zu	Trifft überhaupt nicht zu	Kann ich nicht beurteilen
existiert eine realistische Einschätzung der Wirtschaftlichkeit bestehender Kundenbeziehung	○	○	○	○	○
werden auch unprofitable Kunden identifiziert und entsprechende Maßnahmen eingeleitet	○	○	○	○	○
nehmen Vertriebsmitarbeiter eigene Kunden-Einschätzungen vor ohne auf den tatsächlichen (rechnerischen) Kundenwert Rücksicht zu nehmen?	○	○	○	○	○
werden (Marketing-)Budgets anhand einer Kunden-Kategorisierung verteilt und genutzt	○	○	○	○	○

"Welche Vorteile ergeben sich Ihrer Meinung nach bei der Nutzung der Ergebnisse der Kundenwertberechnung bzw. welchen Nutzen erhoffen Sie sich?
Bitte wählen Sie maximal 3 Antworten

- ☐ Gewinnmaximierung
- ☐ Verbesserung des Service
- ☐ Höhere Kundenzufriedenheit
- ☐ Geringere Kundenabwanderungsrate
- ☐ Optimierung der Geschäftsprozesse
- ☐ Verbesserte Nutzung von Marketing-Budgets
- ☐ Erhöhung des Innovationsgrades
- ☐ Trennung von unprofitablen Kunden
- ☐ Weitere Vorteile:

 (max. 3 Antworten)

Anhand welcher Kriterien differenzieren / segmentieren Sie Ihre Kunden?

	Ja	Nein	Keine Antwort
Branche	○	○	◉
Unternehmensgröße	○	○	◉
Umsatz	○	○	◉
Kundendeckungsbeitrag	○	○	◉
Produkte	○	○	◉
Anzahl der Transaktionen (Kauffrequenz)	○	○	◉
Dauer der Kundenbeziehung	○	○	◉
Zukünftig erwartetes Potential	○	○	◉
Referenzwert eines Kunden (Image)	○	○	◉
Kundenzufriedenheit	○	○	◉
Externes Scoring (Schufa-/Crefo-Ranking usw.)	○	○	◉

Wie bewerten Sie folgende Methoden / Kriterien zur Kundenwertbestimmung in der Unternehmenspraxis?

	1 (sehr gut)	2	3	4	5	6 (ungenügend)	Keine Antwort
ABC-Analyse nach Umsatz	○	○	○	○	○	○	◉
ABC-Analyse nach Deckungsbeitrag	○	○	○	○	○	○	◉
Kundendeckungsbeitrag	○	○	○	○	○	○	◉
Weiche Faktoren (Referenz / Image / Weiterempfehlung usw.)	○	○	○	○	○	○	◉
Kunden-Portfolioananalyse	○	○	○	○	○	○	◉
Scoring-Modelle (z.B. RFM)	○	○	○	○	○	○	◉
Customer Lifetime Value	○	○	○	○	○	○	◉

"Nutzen Sie eine der zuvor genannten Kundenwertberechnungsmodelle in der Praxis?

○ Ja
○ Nein

"Können Sie sich Gründe vorstellen den Kundenwert nicht zu ermitteln?

	Trifft voll und ganz zu	Trifft zu	Trifft eher nicht zu	Trifft überhaupt nicht zu	Kann ich nicht beurteilen
Kosten übersteigen Nutzen	○	○	○	○	○
Kundenbewertung ist für unser Unternehmen ungeeignet	○	○	○	○	○
Aufwändige Eingabe, Aufbereitung und Pflege der Informationsbasis	○	○	○	○	○
Eingesetzte Kundenbeziehungsmanagement-Software erfüllt nicht die notwendigen Voraussetzungen	○	○	○	○	○
Erwartete negative Kundenreaktion	○	○	○	○	○
Keine personelle Zuständigkeiten im Unternehmen	○	○	○	○	○

**Welche Einteilung zur Kundenwertbestimmung halten Sie in der Unternehmenspraxis für sinnvoll?

	Trifft voll und ganz zu	Trifft zu	Trifft eher nicht zu	Trifft überhaupt nicht zu	Kann ich nicht beurteilen
für einzelne ausgewählte Kunden	○	○	○	○	○
für spezifische Kundensegmente	○	○	○	○	○
für alle Kunden	○	○	○	○	○

**Setzen Sie CRM-Software zur Steuerung von Kundenbeziehungen in Ihrem Unternehmen ein?

○ Ja
○ Nein

**Die Bestimmung und Nutzung von Kundenwerten werden wir in den nächsten zwei Jahren...

○ Stark ausweiten
○ Ausweiten
○ Weder noch
○ Reduzieren
○ Stark reduzieren
○ Kann ich nicht beurteilen

[Später Fortfahren]   [Absenden]